仮説実験授業のＡＢＣ

楽しい授業への招待

第5版

板 倉 聖 宣

仮説社

〔初版〕はしがき

　この本は，はじめて「仮説実験授業をやってみよう」という人でも困らないように，仮説実験授業の授業運営法やその考え方や参考資料をまとめたものです。すでに仮説実験授業を十分承知という人々にも，便利なガイドブックとして役立つことと思います。

　仮説実験授業というのは，ある意味ではとてもやりやすい授業です。ですから，「この授業は子どもによろこばれ，学力も身につく」ということになると，「少しまねしてみようか」という気にもなります。しかし，そういう人は失敗することが少なくないようです。仮説実験授業の基本的な考え方を知らないために，やさしいはずの授業運営の原則をふみはずすことがよくあるからです。概して，いわゆる教育熱心な先生や，見かけだけでも教育熱心であると思われたい先生に，そういうことがよくあるようです。

　そこで私たちは，これまでずっと，仮説実験授業を安易にやる人がふえないように細心の配慮をこらしてきました。仮説実験授業を実施するときの中軸になる授業書も，仮説実験授業をかなりよく知っていると思われる人々にだけおわけするようにしてきました。そして，その代わり，全国各地で「仮説実験授業入門講座」というものを開くなどして，この授業に関心をもってくださる方々に，仮説実験授業の考え方や実施方法についてくわしく親切にお伝えしようとしてきました。

　この本は，そういう入門講座で行われた私の講演記録3点に，仮説実験授業を実施するときに役立つ便利な資料を加えたものです。仮説実験授業をはじめるまえ，またはじめてからも，ときどき読み返してみて，仮説実験授業を誤解なく実施してくださるようお願いします。

　1977年10月

　　　　　　　　　　　　　　　　　　　　　　　　板　倉　聖　宣

〔第3版追記〕

　初版以来，たのしい授業に関する研究がさらに幅広く進められ，美術，

社会科学，その他の分野で特筆すべき成果をあげてきました。そこで1980年版発行に際して「最近3年間における研究運動の成果」を第4話として加えました。また，1983年3月には月刊『たのしい授業』が創刊されたこともあり，参考資料もふえましたので，1984年版では第5話に増補改訂を加えました。（1984年）

第4版の発行に際して

　本書はこれまで，〈はじめて仮説実験授業を実施する人〉にとってもっとも手頃な入門書として役立ってきました。そこで，この本をもとにして仮説実験授業を実施して成果をあげて下さった方々はすでに数万人に上ることでしょう。

　この本は仮説実験授業の初心者だけでなく，すでに長いあいだ仮説実験授業を実施してきた人びとにとっても，便利な「授業書案内」として活用していただいてきました。そこで，私はこれまで本書を3回改訂して仮説実験授業の研究の新段階に即応させるように努めてきました。しかし，最近は他の忙しい仕事にかまけて，本書の改訂をしないままでした。1984年7月の第3版の発行以後も新しい授業書がたくさん生み出されてきているというのに，それらの授業書のことが本書に紹介されることなく，時間が経過してきたのです。それは，その少し前の1983年3月に『たのしい授業』（仮説社）という便利な雑誌が創刊されたという事情にもよります。『たのしい授業』を見れば，新しい授業書その他の情報を得ることができるようになったからです。しかし，その『たのしい授業』も創刊以来14年を経て，その全体を見渡すことは困難になっています。そこで，本書の全面的な改訂に着手することにしました。

　とは言っても，本書の骨格自身は変える必要がないように思えてなりません。仮説実験授業がはじめて提唱されたのは1963年夏のことで，それ以後34年もたっているのですが，そのあいだに仮説実験授業の考え方が大きく変わるということがなかったからです。それなら，そのあいだ私たちはまるで進歩しなかったのでしょうか。いえ，そんなことはありません。その間，私たちは授業書の種類を増やして，仮説実験授業の内

容を豊富にする仕事を着実に積み上げてきたのです。その結果，はじめは力学中心だった授業書の範囲が自然科学全体に広がりました。そして，初期にはすべて小学校でも教えることができる教材を中心にしてきたのに，最近でははじめから大人や大学・高校用を目当てにした授業書も作成されるようになってきました。それだけではありません。十数年前には仮説実験授業の考え方とそっくりな美術の授業「キミ子方式」が現れたかと思うと，社会の科学や数学の授業書も作成されるようになりました。

　そこで，今回の改訂では，「第5話」を増補改訂するだけでは間に合わなくなりました。そこでこれを，「第5話　どんな授業書があるか ── 授業書その他の教材一覧」として，全面的に書き換えました。驚いたことに初版では40余りだった授業書の数が，今回の改訂では100余りに増えていました。その結果，今では小学校の理科や社会科，生活科では教えきれないほどの授業書が出来ています。数学や国語・英語，技術・体育などの授業書の作成研究も始まっています。

　それだけではありません。じつは，仮説実験授業の授業書作成の作業を社会の科学や数学の授業に発展させるためには，「仮説実験授業」という概念の拡張が必要であることが明らかになりました。そこで，私は新たに「イメージ検証授業」と「仮説証明授業」という概念を作って，広義の仮説実験授業の中に含めることにしました。また，〈展望の広い読み物教材〉を「新総合読本」としてまとめていく仕事をはじめました。そしてさらに，仮説実験授業の目指す自然や社会の科学の教育とは別に，個別的な技術・技能の教育の重要性を重視する仕事も進めてきました。仮説実験授業の理論そのものは変わらなくても，その理論が豊富になってきたのです。そこで，今度の改訂増補版では，「第4話　最近3年間における研究運動の成果 ── たのしい絵の授業や歴史の授業書など」を全面的に書き改めて，「第4話　仮説実験授業の理論の多様化 ── イメージ検証授業・仮説証明授業・新総合読本・もの作りの授業」として，「イメージ検証授業」や「仮説証明授業」の考え方を紹介するとともに，絵の教育理論である「キミ子方式」や「新総合読本」や「もの作りの授業」と仮説実験授業との関係についても論ずることにしました。第5話には，

それらの理論に基づく授業書や教材，参考文献なども紹介してありますので，本書の内容は見違えるように豊富になったことと思います。

なお，「第6話」として藤森行人さんの「授業の進め方入門——初めて仮説実験授業をする人のために」という講演記録を収録させていただきました。藤森さんは小学校の教師として長い間仮説実験授業を実施してこられた方です。これと似たことは，すでに「第1話，仮説実験授業の授業運営法」にも書いてありますが，〈授業運営法〉となれば，現場で実際の授業をやっている人の文章の方が，はるかに具体的で説得力があるように思えます。そこで，藤森さんにおねがいして収録させていただいた次第です。

これまでと同様，今後とも本書を活用して下さるよう，お願いします。

板倉聖宣（1997年3月7日）

〔第5版追記〕

2011年，第5版発行に際して，第4版が出て以後にできた授業書や単行本などを第5話に書き加えました。また，「研究会の最近の活動」もすこし改訂しました。

2014年，第5版2刷発行に際して，授業書や単行本などを第5話に書き加えました。また，「研究会の最近の活動」もすこし改訂しました。

2018年，第5版3刷発行に際して，第5話に授業書や単行本などを書き加えるとともに，授業書の英訳への取り組みについても書き加えました。また，「会則の趣旨説明」「研究会の最近の活動」もすこし改訂しました。

2024年，第5版4刷発行に際して，第5話に授業書や単行本などを書き加えました。また，「会則の趣旨説明」「研究会の最近の活動」もすこし改訂しました。

もくじ

はしがき　　3

第1話　仮説実験授業の授業運営法 …………… 11

「授業書」を使う(11)　授業書を読むことから授業がはじまる(12)　予想の選択肢(13)　予想分布を黒板上に集計(14)　理由の発表(15)　討論(15)　実験－その前に予想変更(17)　次の問題に(17)　読み物の役割(18)　カリキュラムは作らない(19)　まず一つの授業書だけやってみること(20)　感想文を書いてもらう(21)

第2話　仮説実験授業の発想と理論 …………… 23

仮説実験授業の原則的な考え方(23)　「授業」と「学習」(25)　「予想」と「仮説」(27)　授業の法則性の追求と「授業書」(29)　みんなの共有財産としての「授業書」(30)　仮説実験授業の骨組み(31)　教育の民主性と「○×」式(33)　問題の意図を明確に(34)　頭のよさは着想の豊かさ(37)　まちがえ方の教育を(39)　成功・失敗の基準をきめておく(41)　近代科学の成立に学ぶ(44)

第3話　評　価　論 …………… 47
　　　　――なぜ，何を教育するかの原理論

1. 誰が何を評価するのか …………… 47
目標があれば評価もある(47)　教師の目標・子どもの目標－目的意識に合わせた自己評価(48)

2. 相対評価の根源と効用 …………… 51
相対評価の根源－ホンネとタテマエ(51)　強引な相対評価批判の誤り－点数のたし算のできる根拠(54)　選択があれば競争がおこる－合理的な相対評価もある(57)　「できる」と思われたいから「できる」－優等生的学習意欲(59)

3. 教育内容の改変を …………… 62
「みんながやらなければならないこと」は何か(62)　実用的価値と哲学的価値(64)　知らなくてもよいが知っていると楽しいこと(66)

4. 絶対評価の基本 …………………………………………………… 69
  合格と不合格の2段階－目標がはっきりしていること(69) 自分のすばらしさがわかる評価－できないことがわかってから教える(72) 学びたいものを学ぶ－テストされたいことをテストする(73)

5. いろいろな場面での評価 ………………………………………… 76
  評価は絶えず行われている(76) 感想文－おたがいに評価しあっている内容を知る(77) 孤立して孤立しない論理－自信をもって生きるために(79) 見えない心の動きを見る(80) 態度や探究心－大切だからこそ評価してはいけない(82)

第4話　仮説実験授業の理論の多様化 ……………… 85
──イメージ検証授業・仮説証明授業・新総合読本・もの作りの授業

松本キミ子さんの絵の授業と仮説実験授業(86) 仮説実験授業とは何であったのか(87) 〈キミ子方式〉の絵の授業の特長(89) 『たのしい授業』の創刊と仮説実験授業(92) イメージ検証授業と仮説実験授業(93) 仮説証明授業と仮説実験授業(96) もの作りの授業と仮説実験授業(99) 新総合読本の作成運動と『社会の発明発見物語』の重要性(100) 授業書の作成について(100)

第5話　どんな授業書があるか ……………………… 104
──授業書その他の教材一覧

授業書の作成は力学分野からはじまったが……(104) 統一カリキュラムは作らないのが原則(106) 検定教科書にヒントを求めるのも一便法(107) 授業書は途中をとばさないで用いること(108) 完成度の高い授業書と教材の解説一覧(109)

A. 小学校低学年でもできる授業書 …………………………… 110
足はなんぼん？　背骨のある動物たち　にている親子・にてない親子　空気と水　ドライアイスであそぼう　かげとひかり　ふしぎな石－じしゃく　タネと発芽　おもりのはたらき，その他

B. 自然界の多様性をとりあげた基本的な授業書 …………… 113
磁石　ふしぎな石－じしゃく　電池と回路　まめ電球と回ろ　自由電子が見えたなら　ゼネコンで遊ぼう　光と虫めがね　虹と光　宇宙への道　月と太陽と地球　花と実　30倍の世界

C. 物性＝原子分子の一般的な性質に関する授業書 ………… 117
　　ものとその重さ　空気の重さ　もしも原子が見えたなら　分子模型を
　　つくろう　溶解　結晶　粒子と結晶　固体と結晶　温度と沸とう　三
　　態変化　水分子の冒険　水の表面　温度と分子運動

D. 小学校でも教えられる力学関係の授業書 ………… 121
　　ばねと力　磁石と力　まさつ力と仕事量　滑車と仕事量　トルクと重心
　　（てことりんじく・重心と物体のつりあい・天びんとさおばかり）　重さ
　　と力・浮力と密度　長い吹き矢，短い吹き矢　ふりこと振動　お茶の
　　間仮説実験・ころりん　サイエンスシアターシリーズ

E. 中学高校程度の物理学関係の授業書 ………… 124
　　速さと時間と距離　力と運動　電流　電流と磁石　ものとその電気
　　程度のもんだい　磁気カードの秘密　電子レンジと電磁波　偏光板の
　　世界　光のスペクトルと原子　電池であそぼう　磁石につくコインつ
　　かないコイン

F. 化学・生物・地学関係の授業書 ………… 127
　　いろいろな気体　燃焼　爆発の条件　錬金術入門　原子とその分類
　　熱はどこにたくわえられるか　生物と細胞　生物と種　ダイズと豆の木
　　地球　不思議な石，石灰石

G. 社会の科学１　（日本の地理・歴史関係の授業書）………… 130
　　日本の都道府県　ゆうびん番号　沖縄　日本歴史入門　歌って覚え
　　る歴史唱歌　日本歴史略年表　おかねと社会　鹿児島と明治維新
　　日本の戦争の歴史　えぞ地の和人とアイヌ　名産地・自給率・量率グ
　　ラフの世界など　新総合読本の中の日本史関係の読み物教材

H. 社会の科学２　（世界の地理・歴史関係の授業書）………… 132
　　世界の国ぐに　世界の国旗　焼肉と唐辛子　はじめての世界史　世
　　界が一つになってきた歴史　対数グラフの世界　コインと統計　オリ
　　ンピックと平和　ハングルを読もう　二つの大陸文明の出会い　あか
　　りと文明

I. 社会の科学３　（社会の科学・道徳・公害の授業書）………… 136
　　社会にも法則があるか　三権分立　生類憐みの令　禁酒法と民主主
　　義　差別と迷信　洗剤を洗う　たべものとウンコ　たべもの飲みもの
　　なんの色　ゴミドン　ゴミと環境　日本国憲法　靖国神社　徴兵制
　　と民主主義　道徳の授業プラン　新総合読本の中の〈社会の科学〉
　　読み物

J. **算数・数学の授業書** ………………………………………… 140
　　つるかめ算　量の分数　分数の乗法　分数の除法　かけざん　2倍3倍の世界　電卓であそぼう　広さと面積　勾配と角度　図形と角度　円と角度　円と円周率　図形と証明　落下運動の世界　本当の数とウソの数　1と0　割合　たのしい授業プラン算数・数学　子どもがよろこぶ算数・数学

K. **国語・外国語などの授業書** ………………………………… 143
　　漢字と漢和辞典　漢字の素粒子と原子　道路標識　変体仮名とその覚え方　読点の世界　たのしい授業プラン国語1～3　1時間でできる国語　ことばの授業　新総合読本のリスト　よみかた授業書案　検定国語教科書に収録されたことのある読み物　英語のこそあど　英語と国語のこぼれ話　読者指導に関するもの

L. **技術・体育・迷信・美術・日英対訳・その他の授業書** ……… 147
　　技術入門　物の投げ方の技術と技能　小久保式開脚とびの授業　たのしい授業プラン体育　たのしいマット運動への道　コックリさんと遊ぼう　虹は七色か六色か　キミ子方式の絵の授業　牛乳パックでつくる和風ペン立て　たのしい授業プラン図工・美術　おやつだホイ！　たのしい授業プラン音楽　煮干しの解剖など　きみは宇宙線を見たか　ベッコウあめ・折り染め・プラバンなど　日英対訳版授業書

仮説実験授業を受けた子どもたちへのメッセージ ………………… 151
　　たのしく学びつづけるために　予想・討論と実験と　心に残る思い出の授業

第6話　授業の進め方入門　藤森行人 ……………… 153
　　——初めて仮説実験授業をする人のために
　子どもに「先生」と思ってもらえるとき ……………………… 153
　仮説実験授業の授業運営法 …………………………………… 157
　授業の評価は子どもが決める ………………………………… 166

仮説実験授業研究会会則・趣旨説明 ………………………………… 175
研究会の最近の活動 …………………………………………………… 179
あとがき　181
授業書および実験器具等の価格一覧　183

第1話

仮説実験授業の授業運営法

「授業書」を使う

　仮説実験授業の授業の進め方を中心に簡単にお話ししたいと思います。
　仮説実験授業は授業書を使って進めるのがたてまえです。授業書というのは仮説実験授業研究会で作成しており，教科書といろいろなところで違っておりますが，予習をしてはいけないものです。だから，普通の学校ではあらかじめ授業書を全部子どもたちにわたすことはいたしません。子どもたちにはその時に授業をする部分の授業書を1枚1枚わたします。ただし，子どもたちに優等生根性がほとんどない，つまり授業書を先にわたしても全然先を読まない，そういう習慣のついている学校（学級）では，最初に全部わたしてもかまいません。授業書を全部とじたファイルを教室においておき，授業のはじめにそこから取っていって授業をするという形をとればいいのです。しかし，たいがいの学校では少なくともはじめのうちは，やはり先を読んで出しぬきたいという誘惑にかられる子どもが何人かおりますので，授業書を1枚1枚わたします。
　ときどき，「問題を出して選択肢を与えて，予想をたてさせて，討論をやって授業をする，というようなやり方をすれば，どんなものでも仮説実験授業になるのではないか」という方がおられます。しかし，そういう考え方は私たちはとりません。と申しますのは，どんなことをどういう順序で教えたらよいかということは，そう簡単に決められることではないからです。教科書に出ているような，どこかの参考書に書いてあるような問題・実験を，問

題-予想-討論-実験という形でやっても,十分にわかるようになるとはかぎりません。たいがいの場合はわからないことが多いからです。どういう問題をどういう順序で与えていけば,子どもたちがおおいに興味をそそられるか,子どもたちにとって楽しい授業ができるか,ということがわかっていなければいけない。そのよくわかったものを,私たちは〈授業書〉という形でまとめているわけです。授業書が完成する前までは,どういうことをどういう順序でやっていけばよいかを試行錯誤的にやって授業書をまとめるわけです。1回や2回の授業でなかなかいい授業書ができるものではありません。たくさんの人たちの経験をもとにして,たくさんの授業の結果をもとにして授業書を作らなければなりません。授業書作成のいちばんのもとは何かといいますと,科学の最も基本的な概念や法則というものが感動的に伝わるようなキーポイントになるような実験 ── 単純明快な実験というものが見つかったときに授業書の作成がはじまります。

　最終的には,「どういう問題の文章にすると,先生がどの程度誤解するか」ということの検討が行われます。どの先生でもあまり誤解をしないように,文章にいろいろ配慮を加えます。

授業書を読むことから授業がはじまる

　授業書は,子どもたちに配って,まず最初から読みます。もし,意味のよくわからなそうな所があれば,簡単に説明してやります。

　教育界では,よく,「教科書を教えるのはいけない。教科書で教えるべきだ」ということが昔からいわれておりますが,これはペテンだというのが私の考えです。教科書を教えるべきでなくて,教科書で教えるようにすべきだというならば,その教科書を「教科書で教えるよりしかたがない」ように作っておけばいいのではないかというのです。

　私どもの授業書は,「授業書を教えること」は,同時に「授業書で教えること」と等しくなっております。その「授業書を教える」ということは,問題を出すことです。問題を出して読む。それで問題の意味がわかりづらいようであったならば,実物を出して,「こういうふうにやるんだよ」とやる。「予想はこういうことだよ,それでどう思うか」ということです。そして,予

想に〇をつけさせます。予想に〇をつけると自分の心がはっきりします。だいたい七分三分だったら七分の方へ〇をつけます。三分は残っているわけですから，どうしてもこっちだと思うわけではありません。だからあたれば，「ああよかったな」と思うし，あたらなくても三分はそう思っていたのだから，「三分はよかったな」と思うわけです。

予想の選択肢

授業書の問題には，たいてい選択肢がついています。選択肢までも含めて「問題」なのです。選択肢がなければ，「こうやったらどうなるでしょう」と聞いても，どういうことを聞いているのかよくわからないことがよくあります。**選択肢があってはじめて問題の意味がわかる**ことがよくあるわけです。そして選択肢は，実験をやってイエスかノーか決まらないと困ります。実験を見れば有無をいわせず，どれが正しいかということがわかるようなものが選択肢です。

「仮説実験授業は，〈仮説〉実験授業というのだから仮説をえらばせるのだろう」というふうに思う方がありますが，実は，そうではありません。予想をえらばせるのです。仮説というのは説です。

さっきの問題〔この講演の前に行われた問題－実験。乾電池と豆電球で作った回路の間にいろいろな硬貨や方鉛鉱，フェライト磁石などをはさんで，電気を通すか通さないかを問うもの〕でいえば，「電気が流れるだろう」というのと「流れないだろう」というのと，「流れるだろうけれども，ランプがつくほどには流れないだろう」など，三つか四つぐらいあります。このとき，実験をしても「ランプがつかなくても，電気が流れたんだ」という仮説が正しいのか，それとも「電気は流れない」という仮説が正しいのかわかりませんね。「ランプがつかなかった」という事実だけしかわからないわけです。「つかない」という予想には，「電気が流れなかった」というのと「流れてもランプがつくほどに流れなかった」という，少なくとも二つの仮説があるわけです。ですから〈ランプがつかない〉ということが実験結果からわかっても，この二つの仮説のどちらが正しいかということは検証されていないわけです。

たとえば，さっきの実験では，方鉛鉱でやったときはランプはつきません

でした。「つかないのは電気が流れないためである」と思った人がいるかも知れません。「いや，流れたんだけどつくほどには流れなかっただけだ」と思った人もいるかも知れません。

ところが，そのあとの家庭電気（100V）の実験ではランプがつきましたね。そうすると「乾電池のときも，ほんとうは電気はほんの少し流れていたんじゃないか」ということになりますね。

この二つの実験をつなげてはじめて「電気はほんの少し流れていたけどつかなかった」ということがわかるわけです。そういうふうに悟るわけです。一つの実験をやったぐらいでは〈どの仮説が正しかった〉ということはわからないのが普通です。そこで，一つの実験でわかるのは，「これをやったらどうなるか，つくかつかないか，瞬間ついて消えちゃうか」というようなことだけです。予想は，ドンピシャリと決まるけど，仮説はドンピシャリ決まらない。しかし，仮説というのは説ですから，他の実験もしていけば，どれが正しいかわかるはずです。そういうふうに仮説実験授業は構成されています。授業書を作るときは，そういう工夫をするわけです。

予想分布を黒板上に集計

予想をたてたら，人数を調べ，黒板上に集計します。（ア）が何人，（イ）が何人と調べます。男と女にわけて調べた方がよいこともあります。

時によっては，予想分布表を書いたとたんにですね，「自分が少数派である」とわかったとたんに予想変更しようという子どももでてきます。こういう子どもをみると「これはけしからんやつだ。自分が少数派に入ったから，日和みやがったな」などと，道徳教育の精神がゆきとどいた先生は非常に不快な念をいだくようであります。が，それはなにもそんなことを考える必要はないと思います。つまり，「この問題はみんなこう考えるにちがいない。おれもそうだと思う」というようにかるい気持ちである予想を選んだところ，あにはからんや……ということで，「そうか，よくよく考えれば，そういえば（ア）だと考えられるな。他のやつはちがうことを考えていたんだな」とひらめくこともあるものです。決して付和雷同とかぎりません。だからはじめから予想を変更してもかまわないと思うのです。

人数を確認してあわなければ，何回もかんじょうしてください。でなければ，手を上げなかった子どもをほっぽりなげちゃうことになりますからね。それから非常に慎重な子どもがいます。「はずれるのはいやだ。だから私は予想を選ばない」というわけです。子どもが「どうしても」というときは，それに従うべきです。「あたらないことはいけないことではないんだ。恥ではないんだ」ということがわかってくれば，そう無理に予想を保留にすることはないはずだと思うのです。予想を保留にするということは，恥の精神がありすぎるのでいけないと思うのですが……。

理由の発表

予想分布表に人数のもれがないことを確かめたら，こんどは，どうしてその予想をたてたのか，その理由を発表してもらいます。発表する順序は，普通は，少数派からいわせた方がいいと考えています。しかし，クラスの雰囲気とか，それまでの歴史とかによっては，多数派からいわせた方がいいかもしれません。まあ臨機応変でかまいません。誰から何をいってもかまいません。このときは挙手して発言をもとめたものだけじゃなしに，誰に指名してもよいと私は考えています。ただし，**教師の手前勝手な考えで発言させる以上，子どもが何をいってもよいという権利が保障される**べきです。

「どれがよいかわからないから，僕はね，テンノカミサマノイウトオリ，デハナイ，モウイチドキイテミヨウとやったら，これになった」といってもかまわないのです。まあ，そんなことまでやる子どもはあまりいませんけれども，「なんとなく」というふうにいう子どもはたくさんいます。この「**なんとなく**」というのも，**ちゃんとした理由**です。無理に予想を選べというんですから，「なんとなく」といってもかまわないわけです。

「なんとなくなんていわないで，そのなんとなくをちょっと分解して考えたら？」といってもかまいませんが，お説教しない方がいいですね。

討　論

理由を出しあったら，次は討論です。

「いま発言した友だちに対して，質問や討論することがあるか」というこ

とで，いよいよ討論がはじまります。

　討論はある種のクラス，ある種の問題では大変活発になります。ところが，ある種の問題，ある種のクラスでは，全然討論がおこらないこともあります。非常に活発な討論を見たことのある先生の中には，「ああいうクラスのように討論できるといいんだがなあ」と思い，そして自分のクラスで活発な討論がおこらないと，「ここでは討論がおこるはずなんだがなあ」などと不満に思ってしまいがちです。しかし，**討論するかしないかは子どもの主権に属することであって，先生が勝手に，「討論すべきである」とか「討論すべきでない」とか考えるべきでない，**というのが私の考えです。**いいたい子どもがいいやすい雰囲気を作り，無理にいう必要のないような雰囲気を作ること。**討論がないときに「おまえたち，よく考えていないのではないか」「となりのクラスは，もっと討論しているぞ」……そんなことはいってはいけない。「おまえたちは優秀だ。討論をしないでもわかっちゃうんだからな」などといって，さっさと実験にはいればいいんです。

　もっと困るのは，討論がはてしなく続くときです。討論するときは，クラスの大部分が発言を求める場合もあるけれども，ふつうはそうではありません。討論がシャープな議論になったときは，たとえば，（ア）の大将と（イ）の大将がとっくみあいをするわけですね。そこで応援団ができたりしていろんなことをいうわけですが，シャープな議論になればなるほど，代表演説みたいなことになりまして，少数の人間しか発言しなくなります。

　こういう授業をみると，クラス全体が授業に参加していないのでよくない，と思う人がいますが，私たちはそうは考えません。私たちは**深い討論をするためには，そのことについてよくわかっている人間がしゃべればよい**と思うのです。ただ，他の人間が聞いて何を議論しているのか全然わからんというのでは困ります。聞いている人間が何をいってるのかわからん議論は中止させるなり，解説させることが必要でしょう。しかし聞いている人がよくわかるならば，いくら2人だけでやりあっていてもかまわないと思うのです。途中から堂々めぐりになれば，他の連中は「つまらねえや，同じことやってんじゃねえか」という文句をだせばいいのです。そして，「討論が堂々めぐりをしているから実験にはいろうか」とか「最後にひとことあるか」と

きいて実験にはいればいいのです。ところがそのとき，だれかがまたしゃべると，それでまた討論がはじまっちゃうことも多いんですけどね。
　討論が活発になりすぎちゃうと，討論を切ることがむずかしくなります。これは，最後は多数決でいいでしょう。真理を多数決できめるのは悪いことですけれど，討論の打切りを多数決で決めるのはいいですね。

実　験 ── その前に予想変更

　一つの問題にどれだけ時間をさくかということは，教師があらかじめ決めることはできません。子どもたちがどこまで討論するのかわからないからです。教育は子どもに主権があるのですからね。それでいつも次の授業書を用意していて，どこまで進んでも困らないようにしておくことが大切です。一つ大切なことをいいのこしました。実験に入る前には必ず「予想を変更するものはないか」ときいてください。討論をきいて予想を変更したいものがあったら，いくらでも変更してよいわけです。
　さてこれでいよいよ実験に入ることになります。もちろん実験は全員がよく見えるように配慮してやることが大切です。
　ところで，「この実験の結果から，だれ君の考えが正しかったわね」という必要はありません。わかっていれば，いう必要はないでしょう。わかっていないからいう必要があるわけですけれど，わかっていないのにいってしまえば，それを押しつけてしまうことになります。わかっていれば，いう必要はない，わかっていないのにいうと押しつけになる。ですから，どっちみちいう必要はありません。
　実験したらその結果を書くんですが，実験の結果をなんて書くか，いろんな書き方があります。「こうやったらこうなった」「おれの予想はあたった」「おれははずれた」など，どのようでもいいですね。自分の気持ちを表現するようにすればよいのです。自分の印象が一番残るような形で書けばいいのです。

次の問題に

　こうして次の問題にはいって，また予想・討論・実験とすすむことにな

ります。そしてある程度似た問題をいくつかやりますと「**一般的にこうではなかったろうか**」という**仮説**がはっきりしてきます。

　たとえば，「アルミニウムの1円玉でもランプはついたし，10円玉でもランプはついた。どうも金属というものは一般的に電気を通すのではなかろうか」「おれはそういう仮説をたてて，これからは，その仮説をもとに予想をたてることにしたい」という子どもたちがふえたりします。そういう根拠で予想をたてることにすれば，よくあたるようになりますね。その仮説は正しいからです。

読み物の役割

　仮説が正しければよくあたるようになるのですが，しかし「その仮説がどんな問題にも例外なく適用できる」ということを実証することは不可能です。すべての金属をもってきて実験するわけにはいきませんから。

　たとえば，クロームなど普通は手近にないし，ナトリウムなんていうのも，普通は準備できないで困ります。そこでどうするかというと，子どもたちは自分の仮説をもっているのですから ── たとえば「すべての金属は電気を通すのではあるまいか」と思っているところへ「実はそうなんだよ」「実は，君たちもそう思っているらしいけど，君たちの考えている通りなんだな。科学者がいろいろなことを実験したんだけれども，金属はみんな電気を通すんだな。電気を通すやつはみんな金属なんだな」── というふうに教えちゃえばいいんです。

　「私たちが実験した結果，金属は全部電気を通すことがわかりましたね」なんていうことはいえませんね。「すべての金属」についてはやっていないんですから。しかし，すべての金属は電気を通しそうな感じがしてきましたでしょう。そこでもし書くとしたら，「ところがその感じは正しいんですよ。科学者が実験した結果正しいんですよ」という話を入れればよいのです。

　しかしどこでどういう話を入れたらよいかということは，これまたなかなかむずかしいのです。そこで私どもは，十分検討した上で「ここでこういう話を入れた方がよい」と結論を下したところに，そういう話を入れて，授業書に印刷してあります。そこで，こんな話を聞くと「へえー，なるほどね。

ぼくの考えは正しかったんだな。科学者はやっぱり頭いいな。おれたちと同じだな」と思うようになります。

これ, ふつうと違うでしょ。「科学者は頭がいいな。ぼくの考えは正しかったんだな」というんですから。科学者の結論を認めるにしても,「科学者がやったのならしかたがねえや」ということじゃないのですからね。「おれたちの意見と同じなので, だいたい信用できそうだな」というわけなんです。

ある結論 —— 法則・原理といったものがわかった（だいたい見当がついた）ときに, それから少し視野を広げるとおもしろそうな話題があるときには, それを読み物にしてあるのです。そういう読み物は, どうせ脱線しているわけですね。脱線しているのだから全部が全部わかるはずはありません。「これは疑わしいな」と思う子どももいるわけですね。それでもかまいません。わかるところだけわかればいいのです。「読み物」というのはおもしろく書いてあって一応わかればいいのです。「このセンテンスはどこにどうかかっているか」と, 国語の読みみたいにやらなくていいです。「ちゃんとわかったか。覚えとけよ」なんてことはいわない。「読み物がおもしろくない」などと勤務評定されるのは, 授業書作成者の方です。

＊　＊　＊

仮説実験授業の授業の進め方というのは, 以上のようになっております。授業書というものは, 私たちたくさんの教師や研究者が寄り集まって, あるいは寄り集まらないで, ばらばらで —— というのは, 授業記録をとって, それを交流しあうことによって —— だんだんいい授業書をつくっていくのです。

カリキュラムは作らない

ところで, 仮説実験授業はカリキュラムというのを作らないのがたてまえです。もっとも「どの授業書の前には, どの授業書をやっていた方がいいであろう」ということがあるものもあるにはあります。〈浮力と密度〉という授業書をやるためには,〈ばねと力〉という授業書をやっていた方がいいだろうというようないくつかの流れはあります。しかしその流れとても, そんなにきついものではありません。私たちは, すべての授業書をやらなければ

ならないというふうには考えていないのです。そのつどそのつどに，いい授業ができればいいではないかというわけで，それぞれの授業書は一応完結できるようにしています。

　また授業書の分野の分け方についても，ふつうとはちがっています。ふつうは宇宙とか生物とか物理・化学とかいうふうに分けたりしますが，私どもの分け方はちょっとちがっていて，〈力学分野〉〈物性分野〉〈自然界分野〉という分け方をしてみたりしています。この力学というのは，ふつうの分け方から見ると，特に重んじられていることになります。〈自然界〉というのには，生物だけでなく，地学関係のものや宇宙とか磁石というものも入っています。磁石は，力学とか物理に入れられるのがふつうですが，「磁石という不思議な石が世の中にある」ということは，子どもたちの発想からすると「自然界にはじつにいろいろなものがあるんだなあ」という考えの方に属しますので，〈自然界〉の分野に入れた方がよくはないかと思うのです。

まず一つの授業書だけやってみること

　さて，仮説実験授業を「これからやってみようかな」とはじめて思いたたれた方には，まず一つの授業書だけやってみることを考えるよう，お願いします。

　まだ何もやってないうちから，「この授業書をやって，その次にこの授業書をやって……」と大変遠大な計画をたてる人がいますが，教育の主権は先生にはないので，仮説実験授業が子どもたちに拒否されたらやめてほしいのです。はじめてのことをやるときには，だれだってオッカナビックリやるのが本当なので，まず一つだけ，オッカナビックリやることを志していただきたいと思います。それで途中で退却した方がよいと思ったら，ぜひ退却をしていただきたいと思います。

　ただしです。退却をするときには，かならず子どもたちみんなの意見をもとにして退却するようにしていただきたいと思います。先生が一人で，「どうもこの授業はうまくいかない」「どうもざわざわして，そっぽを向くやつがいるし，どうもいつもの授業とちがうからよくないんじゃないか」と思ったりして，やめてしまうこともあるようですが，先生一人でそう判断せずに，

必ず子どもたちの意見をきいてほしいのです。そのときじっさいに子どもたちはどう思っているのか，**つまらないからざわざわするのか，おもしろいからざわざわするのか，表面だけを見ていたのではわからない**ですよ。そういう子どもの気持ちをつかめないことも少なくありませんから，それがわからないときは，ぜひ子どもにきいてみてくださるようお願いします。「いつもの授業とこっちの授業とどっちがいいか」ときいて，そして「仮説実験授業なんて大きらいだ。あんなのはいやだ」というような子どもがたくさんいるようだったら，これはやめてください。しかし，もし「仮説実験授業の方がいい」という子どもが多数だったら，ぜひ続けてください。

感想文を書いてもらう

　実は先生方が，仮説実験授業のよさがわかるキーポイントは，どうもこういうことらしいんです。授業をやっているときの子どもの目の輝きぐあいを見たり，子どもの態度を見て，それで「この授業はとてもうまくいっているんだな」とすぐに感づかれることもあるようですが，それでも，先生方が決定的に仮説実験授業のとりこになるのは，たいがい一つの仮説実験授業をやったあとで子どもたちに感想文を書いてもらって，それを読んだときなんですね。「今までのふつうの授業とくらべてどう思いますか。ひとつ先生に通信簿をつけるつもりで書いてください」といって感想文を書いてもらうと，その結果，ふつうの先生が予想していたのよりはるかによい反応がでてくるのがふつうだからです。そこでたいがいの先生はびっくりしてしまうのです。「こんなにちがうのか」というわけで，それで急に元気がでてくる。そういうことがあまりにしばしばあるものですから，私はぜひともお願いしたいのです。**子どもたちの気持ちを，勝手に推測しないで，直接子どもたちの感想を聞いてやっていただきたい**と。

　仮説実験授業のたいていの授業書は，授業の記録・授業書の解説というものといっしょに，『科学教育研究』や『仮説実験授業研究』（や『授業科学研究』などの仮説実験授業研究会編集の研究双書）に発表されております。まだ発表していないものも少しはありますが，それもこれから発表してまい

ります。そういう授業記録や授業書の解説をみて、「これはおもしろい」「子どもたちがおもしろがるにちがいない」「楽しんで勉強してくれるにちがいない」と先生方自身がお思いになったらぜひともやってみてください。先生方自身がそう思えないのに、「板倉という男は信用できる男であるから、あいつがやれといったやつはやることにしよう」という、ひいきのひきたおしはやめていただきたいのです。私はそういう責任は負いきれませんので、みなさん自身がほれたものがあったらそれをやっていただきたいのです。そうすれば、うまくいかなくても「ほれたやつがいけないんだよ」とずるいことがいえるというわけです。

　もっとも、ほれ方にもいろいろあるわけで、仮説実験授業を一つやってうまくいきますと、先生はやめることができなくなってしまうことがあります。子どもたちから「普通の授業をやらないで、こっちをやれ」といわれたりするようになるからです。ときには「この授業は、こういう問題をつくって、こういう選択肢をつくって、こうやると仮説実験授業になるんだよ。先生、そうやればいいんだよ」という子どもがでてきたりします。それでも、ちょうどいい授業書がないときは「いい授業書が作れないから、できないんだよ」「かんべんしてよ」ですみますけど、授業書があるときは「授業をやれよ」と要求されることになります。私はそういう形で教育の主権を子どもたちに返していくことはいいことだと思うので、できるだけいい授業書をたくさん作りたいと思っています。

〔1974年10月25日、「関西仮説実験授業研究会・入門講座」（大阪・四條畷学園小学校にて）での講演。堀静香さんが記録・編集したもの（ガリ本、関西ゲジゲジサークル編『仮説』第11集、1975年2月、掲載）をもとに筆者が加筆〕

＊追記——ここでの説明は、小学校を念頭になされています。中高生などとの授業では、予想の人数が合わないなど、ここでの指示どおりにいかないことがあります。発達段階の問題もありますので、「予想や理由・意見」などに手を挙げることをいやがる生徒が出てくるのはしょうがないことでもあります。その際は、授業の雰囲気をこわさないよう無理に挙手や意見の表明を求めず、テンポを速めて授業を進めてください。その分、中高生は感想文で思いをしっかり表してくれ、評価も小学生とほとんど変わらないでしょう。
（2013年11月に東京・機械振興会館で開催された「仮説実験授業の基礎とこれから——板倉聖宣さんに中一夫さんが聞く」での板倉聖宣さんの発言をもとに追記）

第2話

仮説実験授業の発想と理論

仮説実験授業の原則的な考え方

　仮説実験授業についてお話するというと，どこからはじめてどうお話を終えていいのか，戸惑ってしまいます。いろんな話のはじめ方がありますし，いろんな終わり方があります。みなさんのご関心のもち方いかんによって，話のはじめの仕方と終わりの仕方が決まるんだと思いますが，残念ながらどういう話をしていいのかわかりませんので，ごくごく一般的な話をさせていただきます。

　そこで，仮説実験授業とは何かということからはいりますが，仮説実験授業というのはいろんなふうないい方ができると思うんです。これは私どもが名前をつけたんですから，「名前をつけたからにはその定義もしてあるんだろう」ということになりますが，まあ，一応こういうふうに答えます。

科学上の最も基本的な概念や原理・原則を教える
ということを意図した授業である

　ここで，「科学上の」といって「自然科学上の」といっておりません。この授業はいわゆる理科だけでなくて他の教科にも役立つ可能性があると考えているからです。また，「科学上の」といって「理科上の」といっておりません。いわゆる理科教育のすべてを包含するとは限らないからです。今日の理科教育には科学でないものがだいぶ含まれておりますので，「そういうものについての教育は仮説実験授業のとり上げるところではない」と，こういうふうなことにもなります。教育する内容についての規定がそれでありま

す。

　このような授業 ── 科学上の基礎的な概念や原理・原則を教えるための授業 ── を，子どもたちが自分自身の考え，予想をもって自然に問いかけていく，あるいは対象に問いかけていく，そういう意味あいにおける実験 ──「実験」という言葉はずいぶん多義的に用いられていますが，私どもは**「実験というのは私たち自身が自然に問いかけていく行為なんだ」**とこう考えていますので，そういう意味の実験を中心として，自然について，対象についての知識を獲得していく，という考え方にもとづいて，授業を組織します。よく私たちがいう言葉を使いますと，

**科学的認識は，対象に対して目的意識的に問いかける
という意味における「実験」を通してのみ成立する**

── こういう考え方にもとづいて授業を組み立てていく，これが，仮説実験授業の基本的な一つの立場であります。

　もう一つは，今いった言葉となかば相反するようにも思えるんですが，何でも自分自身が直接対象に問いかけて認識していかなければならないとするとこれはたいへんです。そうすると「本を読んだだけじゃあいけない，自分で実験しなければいかんのだ」という感じになりますが，じつは科学的認識というのはそうじゃない。科学的認識というのは，たくさんの人たちが協力して作り上げてきたものです。そこで私たちは，こういうふうにいいます。

科学的認識は社会的な認識である

というのです。科学的認識というのは自分自身が自分の目で確かめなければ気がすまないというような性格のものでなしに，たくさんの人たちが協力して作り上げてきた財産だというのです。そのときに，自分自身がこの目で確かめなくても，他の人がたしかに確かめたということが納得できるような体制，こういう社会的なしくみの上に築かれたところの知識なんだ，というふうな考え方でもって科学教育を実行していこうというのです。

　つまり，仮説実験授業は今申しました「科学上の最も基本的な概念や原理的な法則を教えようとする授業」であり，それを教えるときの子どもたちの認識ということを考えたときには「科学的な認識というのは実験によって**のみ**成立する」という考え方をとり，しかもその科学的認識というのは，

個々ばらばらの人が自分自身で確かめなければならないというふうに成立するものでなしに，社会的にお互い協力しながら，自分が研究しなくても，自分自身が確かめなくても安心して使えるような，そういうような知識の体系として科学というものを考える —— こういう三つの，いわばスローガンみたいなものによって，仮説実験授業は成り立っているわけでございます。

「授業」と「学習」

　自然に問いかけるというときには，自分の「こうではあるまいか」「こうかも知れない」という考えがあって，自然に問いかけるわけです。しかも，その問いかけるときに，「あしたは天気ではあるまいか」「あさっては雨ではあるまいか」というような一つの事柄についての問いかけでなしに，「一般的にこういうことがいえるのではあるまいか」というふうに問いかける。たとえば，「実がなる植物には必ず花が咲くのではあるまいか」というようなことですね。「アサガオの実は花の咲いたあとになるのではあるまいか」というような個々の植物でなしに，「一般的にいって，どんな植物にも，実がなるなら花は咲くのではあるまいか」と，そういうことを私たちは問題にします。

　こういうことを問題にして，「一般的にこういうことがいえるのではなかろうか」という考え，これを「仮説」といいます。単なる「予想」でなしに，「仮説」というものです。「仮の説」ですね。仮の説が仮でなくなれば「説」です。いわゆる「説」そのものです。ふつうにいえば「法則」とか「理論」というもの，そういうものがでてきます。そういうものを教えるための授業でございます。

　そのときに，その仮説というものが本当であるかウソであるかということを問題にするときに，ウソかホントかを判明させるのが「実験」でございます。このように「仮説」を「実験」することが基本であるところの「授業」 —— これが仮説実験授業です。

　この「授業」という言葉の中にも一つの考えがございます。ふつう，よく多くの方は「仮説実験**学習**」と理解してくださったりしますが，私どもはそうでなく，あえて「仮説実験**授業**」といっています。

なぜそれを意識して区別しているかと申しますと,「学習」という言葉が歴史的にどう使われてきたかということに関係します。日本で「学習」という言葉が使われるようになったのは,明治の末からです。それまではこれに関係した言葉として「教授」という言葉が使われていました。「教授法」という言葉がありますが,「教授法」というのは要するに「教師が教え授ける法」です。ところが,「教え授ける法」でなしに「学習」── 子どもたちが「学び習う法」の研究が重要だというので,教師中心と思われるところの「教授法」に対して「学習法」という言葉が使われるようになりました。これが明治の末です。大正デモクラシーの時代に,それがたいへん発展しまして,大正から以後は「教授法」という言葉がすたれまして,「学習法」というのが流行するようになったんです。

　「学習」というのは,子どもが学び習うんだ,この学び習うのは個人個人が学ぶのだ,だから,個人個人を大事にしなくてはいけない,そういうことになります。

　最近の主張でいえば,「プログラム学習」というのはまさに「学習」です。プログラム学習の基本的な考え方は,「学習は個別的なものだ,個人個人は別のものなのだから,学習というものは本来個別指導でなくてはならない。ふつうの授業は個別指導でないからある子どもはたいくつするし,ある子どもはできないでおくれてしまう。だから個別指導を徹底しなければならない」── これが,プログラム学習の一つのねらいです。ですから,これは「学習」という言葉がぴったり合うんです。

　しかし,私どもは「科学的認識は社会的なものだ」というふうにとらえます。ですから,我々が知識を増すというのは必ずしも個人的なものでない,他人との関係において知識というものはふえたり育ったりするものだと考えているわけです。では「学習」でも「教授」でもなければなにを使ったらよいか。適当な言葉がないので,これまでふつう「授業をやってる」とかいいますし,要するに教室でやってるのは「授業」ですから,その授業そのものであるということで,「仮説実験授業」というわけです。

　教室でのたいがいの授業では,クラス討議があったり,問答があったりするわけですね。クラス討議をやる先生は少ないかもしれないけど,先生と子

どもの問答はある。そのときに、先生はA君を指してA君にいわせてA君と対話しているんですけど、A君の個人教授をしているわけではないですね。A君を教えているというのは確かですけど、A君との会話を通して他の子どもにも教えている。一人の子どもと先生との対話を聞きながら他の子どもたちも勉強するという形をとっているわけです。そういう意味では集団的な性格をもっている……集団としてはたいへん弱い集団ですが。そういうものをさらに発展させた意味で、私は「授業」というものを考えているのです。だから、私たちは「仮説実験授業」という名称をやや極端に固執してまいりました。「仮説実験学習」ではないというわけです。

「予想」と「仮説」

また、ある人たちは、仮説実験授業というものを予想を立てる授業——外見からすれば予想を立てる授業ですから、「予想実験学習」とか「予想実験授業」と呼んでくださったりします。しかし、私どもはこれに対してもはっきりした意見をもっています。

たしかに仮説実験授業を外側から見れば、「予想を立てる授業だ」といえそうです。ですから一般の人たちに了解をえやすくするためには「予想実験授業」と呼んだ方がずっとわかりやすいともいえます。こういうことはわかるんですが、わかりやすいということは正確に理解してもらったということではないんで、ただ表面的な呼び名としてわかりやすいということだけでございます。じつは本当の意味の「仮説実験授業」というものの本質は、ただ予想をたてることではないからです。

よく仮説実験授業についていわれることなんですが、「問題を出して、予想を立てて、それをヤマカンでやって、いつまでもヤマカンでやっているなら、これはあてものごっこと同じだ」と批判する人がいます。たしかにそうなんです。それではあてものごっこにすぎなくなる。ただ予想を立てさせて実験をするだけならば、あてものごっこになる恐れが多分にあります。ですから、私たちの授業はそのようなあてものごっこではないんだ、ということをいわんとして「**仮説**実験授業」とよんでいるのです。

と申しますのは、たとえば「アサガオに花が咲く、そのあとに実ができる

かどうか」……これ一つだけをとり上げれば，まだ知らない子どもにとってはあてものごっこかもしれません。つまり，一つ一つの事柄についてアトランダムに問題をだし，アトランダムに答えを出せばあてものごっこになります。しかし，一つの基本的な概念なり原理的な法則なりをわからせようとして一連の授業を組むと，前に習ったことを使ったりあるいは使わなかったりします。この「使わなかったり」というのが仮説実験授業の一つの特徴なんですが……だって，前にならったことを必ず使わなければならないなんていうことは，この世の中にはなかなかないんで，そういう特殊なことをやってはいけない。つまり，前にやったことを使ったり使わなかったりして，いつもある事柄については正しいことが考えられるようになります。

　そういう科学の力 —— あることを解決できるというのが科学の力だというふうに思っている方が多分にありますが，そうでなしに，**未知のこと，自分がまだ知らないことを正しく予言できるようになることが科学の力**です。自分が知らなかったことを解釈できる，あるいは説明できるというのは，これは哲学です。哲学というのはだいたいゴマカシでもいいんで，説明できればいい。何となくわかったような気持ち，安心立命の境地になればいいんです。それに対して，ただ解釈したり説明できるのはでなしに「予言ができる」ということは，これは安心立命なんていうことではない。だって，予言ははずれるかもしれないんですからね。これは正否がドンピシャリ決まっちゃうんですからね。こういう予言ができるようになる，これが「あることを知った」ということを意味します。そういう段階にまで高めることは，あてものごっこでは絶対にできない。つまり，系統的に原理・原則をつかまなければわからないのです。

　たとえば，きょう犬塚先生の授業を見ていて最後に私が説明したことなんですが，「満月のときには太陽と月が正反対の方向にある。だから，太陽がでてきたときには月は沈むだろうし，太陽が沈むころには月がでてくるでしょう」……こういうことがいえます。しかしきょうぐらいの話ではなかなかわかるようなものではありません。それがですね，この次の授業で，「半月の場合はどうだろう，半月の場合，太陽が沈むころどちらの方向にあるだろうか」というような問題ができるようになったとします。それができる

ようになったとすれば，きょうの授業のことがかなりよく納得できているということがいえると思うんです。そういうことができるようになる……つまり，太陽と地球との位置関係をもって，月のみちかけということと関連してその三つの位置関係を推察し，正しく予想できる。こうなるということ，これが「わかった」ということです。そういう段階にまで高めるということです。だから，授業をやるときにはよほど綿密な授業プランをねらなければなりません。

授業の法則性の追求と「授業書」

そこで私たちが主張するのは，そういう綿密な授業プランを組むことは一人の先生ではできない，ということです。まあ，優秀な先生ならできないことはない，超人的な先生が超人的な努力をすればできないことはないかもしれませんが，でもほとんど不可能なことです。たくさんの先生が，たくさんの資料をもとに，たくさんの知恵をよせあつめて，はじめてできることです。

しかも，そのようにして子どもたちがわかっていく —— 知らなかったことを知ってドンピシャリとあたるようになる，そういうふうにするためには，Aの学校，Bの学校，Cの学校というように学校によって教え方がちがうということはほとんどないはずである，こういうふうに考えています。

いや，「ほとんどないはずである」というのは想像でありまして，これは予想にすぎない。私どもが実験してまいりまして，たとえばある小学校である先生が授業をやる，また他の学校で他の先生がやる，都会の学校でやり山の学校でやる，小学校5年生でやり中学校2年生でやる。こういうふうにして授業をやってまいりますと，うまい授業プランというのは，どの先生がやってもどのクラスにやっても，だいたいうまくいきます。「あの先生があのクラスでやったときにはとてもよかった，しかし，ちがう先生がちがうクラスでやるときはそのプランは必ずしもいいとは限らない」というようなことは，ほとんどない。もちろん，まったく同じということはありえないです。しかし，だいたいにおいて，「AのプランとBのプランとを比べてAのプランの方がよければ —— ある先生がやってよければ，それは他の先生でもBのプランよりAのプランの方がよいというのが普通」であります。だとす

れば，たくさんの人が協力して授業プランを作ることができます。

　たとえば，「Aのプランでやったら，よいところもあるし悪いところもあった」とします。そんなときはまた他のクラスでA'のプランに直してやる。またうまくいったりいかなかったりした。しかし，「AのプランよりA'のプランの方がよかった」とすれば，また，A'のプランを直しましてA''のプランにする，A'''にする……。こういうことをやっていけば，かなり理想的な授業プランができるようになります。そういう授業プランを共通財産といたしまして，授業の骨組みにしようというのです。そうやってできた授業プランを「教科書兼ノート兼読み物」のような形にまとめあげたものを，私たちは「授業書」とよんでおります。

みんなの共有財産としての「授業書」

　授業書というのは，ある意味では教師と生徒とを束縛する手段です。あえて悪い言葉を使いますと，つまり，「授業をこのように進めよ，これからワキへはみだしちゃあいけないぞ」というようなことを規定しているようなものです。

　しかし，私どもが作ります授業書というものは，非常に大ざっぱです。AのクラスもBのクラスもCのクラスも，山村も都会も，同じようにうまくいくような授業プランを作ろうとすれば，どうしても大ざっぱに作らざるをえないんです。その大ざっぱなところでは，やることをぴしっと決めておいて，そしてその中で，今度はうんと自由に授業を進める，このような方針で研究を進めています。そうすれば，「どのクラスでも，このような順序でやっていけば，だいたい確実にこのことはわかる」という授業プランができるだろう。そうすれば先生が楽になるだろう，子どもたちがたのしく授業ができるようになるだろう ── と，このようなことを考えまして，授業書作りということをすすめているわけです。

　授業書作りといいますと，張り切っている先生は，たいがい「自分で自分の授業書を作るんだ」と考えていっしょうけんめいやろうとしますが，私は，それは科学研究の常道に反すると考えます。科学者の中で，どこに自分用の法則を作る人がいるでしょうか。ガリレオはガリレオ自身のために法

則を作ったのかといいますと，そうではありません。ガリレオは世界中の人のためにガリレオの法則を作ったんだし，世界中の人を考えて法則を研究したんです。研究者というものは自分の発見した法則が他の人にも役立つ，他の人にも喜ばれる，そう思うからこそずいぶん手間をかけて研究する気になれるのです。そうでなく，自家用のためだけだったら，あんな研究したってばかばかしくてしょうがないですよね。落下の法則がどうのこうのといったって，儲かりもしないしね。

　科学研究の成果というものは，自分自身にとってはプラスがちょっとだけど，1億もの人が使えればベラボウに役立つことになります。それだからこそ研究のしがいがある，ということになるわけです。そういう意味で，私たちは，先にいった「科学的研究というものは社会的な財産だ」ということを私たち自身の研究にも適用して，そして共に研究していこうというのです。

　授業プランを作るということがみんなの協同作業の基本となりますと，先生方は失業しちゃうんじゃなかろうかと，こういうことをまた心配される方があります。授業プランを作りたい人はみんなで協同して作ればいいんですから，こういう人は失業しない。授業プランをもともと作りたくなかった人は，他人が作ってくれるんですから休んでいられます。それでもなお，教師として自分の個性をだすことができる。これにはいろいろなだし方があると思います。

仮説実験授業の骨組み

　仮説実験授業について私たちが考えておりますワク組みというのは，だいたい今までお話したようなことでございます。しかし，もうすこし授業の骨組みの方にはいっていきませんと，抽象的で話がわかりづらいと思いますので，その方にはいってまいります。

　仮説実験授業では授業書を作る，そして授業書どおりに授業をする。もちろん研究途上であれば，授業書が悪いと思ったらどんどんかえて授業をする。そして，「こういうふうにした方がいいんじゃないか」ということがわかったら，それをみんなの財産にして，だんだんいいものを作っていく。

ところでこの授業書の内容ですが，だいたいからして「問題」というものが中心になっております。問題というのは，問題文と，予想の選択肢の部分と，それから討論の部分と，そして実験の部分とがあります。討論の部分に「ヒント」といったものがはいる場合もあります。そういう問題をいくつか並べまして，どのような問題をどのように配列すればよいかということを実験的に検討し，その一連の問題を終えたときにはほとんどクラス全員がわかってしまう……こういうような形で問題を配列いたします。

　問題の中に「予想」という部分がありますが，よく予想というものを仮説と混同しまして，「どうして仮説実験授業では仮説を子どもたちに与えてしまって，それを子どもたちに考えさせないのですか」というようなことをいわれたりします。しかし仮説実験授業では，絶対にというぐらいに仮説を先生の方から子どもに与えるようなことはございません。仮説は子どもたちが考えることです。

　ただし，問題と予想の選択肢は教師の側から与えます。するとまた，「どうして選択肢を与えちゃうのか，選択肢は子どもに考えさせた方がいいんじゃないのか」といわれることがありますが，予想の選択肢というものは問題文の一部なんです。それがなくては問題として意味をなさないということがしばしばあるからです。場合によっては，選択肢がなくても問題文を完成させられないことはありませんが，だいたい基本的にいったら，答えの予想の選択肢があってはじめて問題の意味がわかります。

　ちょっとはんぱな例ですけれども，「あなたの職業はなんですか」というのが調査書なんかによくあります。「職業を書きなさい」という問題（？）ですね。そのときすぐ答えがでてくるかというと，そう簡単にはいきません。私は何と書いたらいいのか。「国家公務員」と書いたらいいのか，「研究者」と書いたらいいのか。「国立教育研究所員」と書くのか「サラリーマン」と書くのかわからない。答えの書きようがないです。答えの書きようがないので困って，結局はきくわけですね。「公務員と書けばいいんですか」「いや，サラリーマンと書きなさい」と，たとえばそうなるんですね。だから，ふつうの調査書というのは，たいがい「書き方」と書いた備考欄がありまして，「職業の欄は，たとえば商業，農業，サラリーマンと書く」と書いてありま

すね。「ああ，そうか」と思って書けるわけです。それがなくて，ただ「職業を書け」なんていう問題は，問題として成立しないのです。

教育の民主性と「○×」式

最近，「選択肢つきの○×式ペーパーテストはいけない，自由筆記式のテストにしなさい」という人がいますが，私は，このことについては非常に懐疑的でございます。

たとえば，かりに「職業を書け」といわれたとき，出題者が内心で「サラリーマンと書け」と思っているのに私が「国家公務員」と書いたら×をつけられる。そんなことされたりしたら，かなわないですね。私が国家公務員であることも確かですし，サラリーマンであることも確かです。ある場合には著述業であることも確かです。どれでも正しいといってくれるなら，これは自由筆記式でもかまわないけど，そうでなかったら困るんです。昔，ボナンザグラムっていうの（クロスワードパズルの中の特定の文字を並べかえて意味のあることばにするパズル）がはやりましたけど，あれは，つじつまはあっても金庫にしまってある答えとあわなければ賞金がもらえないという，まことに奇妙なパズルですが，「問題」というのがすべてそういうものになってしまったら困る。つまり，選択肢がない問題というのは，問題の提出者が権力を持っている場合には非常に悪弊をおよぼす恐れがあるのです。

たとえば，いまいったように私が「サラリーマン」とではなしに「国家公務員」と書いた。それを減点されたときに私が抗議を申し込んで「いや，私は国家公務員であることにまちがいない。これを減点することはけしからん」といったときに，「ああ，そうでしたか，ゴメンナサイ」と試験官があやまってくれれば，これはマイナスのことではございませんが，しかし，「オレの思ったとおりにしなければいけない」というのだったら，これはもう，私はいつもその試験官の心情を理解して，「あの人はどういったら満足するのかなあ」「あの人，何考えてるのかなあ」と，そのことばかり考えなければならなくなる。そういうことがしばしば起こります。

国語の試験問題なんていうのは，そういうのがたびたびあると思うんです。「作者は何をいわんとしているか」ということを自由筆記で書かせる。

作者がいわんとしていることはいっぱいあるにちがいないんで，これをある人はあるように読めば，先生の読み方とちがうようなこともあるわけですね。たとえば「作者は読者をバカにしようとしているのである」とね。たしかにそう思うことが私たちはたびたびあるんです。だけど，ある先生から見ればそう思えなかったり，そう思ってもそれは大して重要じゃないと思ったりしてて，またちぐはぐになってしまう。

　つまり，選択肢法という形式は，決して先生が楽をして簡単に点数をつけられるようにするためにのみ発明されたんじゃないんです。あれは，教育の民主化のもとに作られたものだ，というのが基本的な性格です。つまり，教育が教師や一採点官のごきげんとりじゃなくなるわけです。要するに，教師側のいいぶんがはっきりして逃げが打てないという，そのことのためにある。ただ，それが困るのは，そういう問題がテストとして採用されることです。人間評価として採用されることがマイナスなんです。

問題の意図を明確に

　問題があって，予想を立てて討論して実験して決めるときに，これは何もテストをして人間評価をするんじゃないですからね。こういうときには問題提出者の意図がはっきり伝わるということが重要です。はっきり伝わって，「そうか，こういうつもりで問題がでているのか，じゃあオレはこう考える」ということができます。そしてそのときに「オレはなぜこう考えたかというと，こうこう，こうである」ということがいえます。

　たとえば，きょう見せていただいた授業でいえば，地球のうしろに月があったらですね，みえないですから満月ではありえないと考える。その子どもたちは頭がいいからそう考えるんですよね。バカだったらそんなこと考えませんよ。どこかの参考書や先生のいったことを丸覚えしていたら，そんなこといいませんよ。だから「まちがえたから頭が悪い」んじゃなくてですね，「まちがえるくらい頭がいい」かもしれないんですよね。

　どんな授業でもまちがった子どもが必ずしも頭が悪いわけではないし，あった子どもの頭が必ずしもよいとか悪いとかいえない，といったような複雑な情勢があります。それは討論してみればわかります。「ああ，あいつはそ

ういうことを考えているのか、たしかにそうだなあ、裏にあったら見えなくなっちゃうなあ。だけどオレは、そういうことも1回は考えたけども、だけど太陽と地球との距離はうんと遠いんだから、大きさの比率からいってもそんなことは心配ないんだよ」とある子どもがいったとする。するとそれは、一つのまちがったことを考え、一つその考えを克服したんですから、さらに頭がよかったんです。そのように立体的な、子どもひとりひとりの頭のはたらきぐあいというのがわかります。

だから、答えがあったかはずれたか、それで人間を評価するようじゃいけないんですね。つまり、その討論の中でどう考えていったか、「なるほどなあ」ということがあるのかどうか、ということです。そして、「なるほどなあ」があるなら、それがまちがっていたっていいわけですよ。

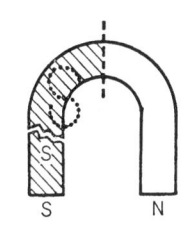

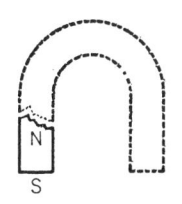

たとえば、きのうは大阪で、「磁石をこのように割ったらどうか」という問題の授業をやりました。そうすると、ある子どもは「ここのまん中までSの領分だ、だからここはSになる」と、こう考えます。また、ある子どもは「いや、オレはS－Sなんていう磁石を見たことがない。この前、針で磁石を作ったとき、Nでこすったけど知らないうちにSができた。だから、磁石はNとSがくっついているらしい。だからぼくは、ここはNだと思う」と、こういう二つの意見がでます。

答えからいえば、これはNの方が正しい。答えからいえばこれはNの方が正しいけれども、Sだろうという考えがまちがっているかどうかは、まだ実験してないんだからいえないわけです、必ずしも。だから、こういうまちがったことを考えた子どもも、なかなかうまい考えであれば、これはなかなかすぐれた子どもといえるわけです。

テストのいけないところは、これで「あたったやつがえらくて、まちがったやつがバカだ、えらくない」というふうに決めちゃうことにあります。つまり、〇×式テストがいけないのは、「〇×式」がいけないのではなしに、〇×式の〈テスト〉というところがいけないんです。

子どもたちが「〇×式だと自分たちの思考を制限される」とか、「思考の

制限だ」といって不満に思っているかというと、そういうことはないんです。
　もちろん、私たちが問題を作りまちがえて、たとえばこの問題を、
　　　ここは何極でしょう。
　　　　ア．N極だろう。
　　　　イ．S極だろう。
としたとします。これは問題が不備です。場合によっては、子どもたちは、
　　　　ウ．NでもSでもないだろう。
と、こういう予想をたてうるわけです。じっさい、この問題が不十分であることは、実際授業をやってみるとわかります。ただ、授業の雰囲気ができていれば、たとえその選択肢をつけ忘れても、「ぼくはちがうんだ、アでもイでもないんだ」という子どもがでてきます。
　問題なのは、たとえばこういうような磁石の問題文を「磁石を二つにわったときに、小さい方はどうなるだろうか」という形で提出することです。「どうなるだろうか」といったって、問題の意味がわかんないですよね。どうなるだろう ── 「ギザギザになるだろう」 ── これだって「どうなるだろう」の答えですね。また、「ペンキがはげるだろう」……なんだっていえちゃうんですよ。私が子どものときには、選択肢なんてなくて、いつもわけのわからない問題をやらされて、考えるのもいやになったことが少なくないからこんなことをいうのです。
　もっとも、上の問題の場合は、「極はなんだろうか」といえばいいですね。「極はなんだろうか」といえば、だいたいわかります。磁石の極はNかSかに決まっているんでから。そうすれば、何も選択肢がなくても問題の意味はわかります。このような「何を問うているか」をまちがいなく伝える親切な問題表現の一般的方法として選択肢があるので、だから**選択肢は問題の一部だ**」というわけです。そして、この選択肢にそって討議してもらうのです。討議したとき、まちがっている方が必ずしもバカというわけではないし、あっている方がえらいというわけでもない。そういう条件で授業をするならば、○×式の、いわゆる○×式テストの欠点というものは全然ないんだ、と私どもは考えております。

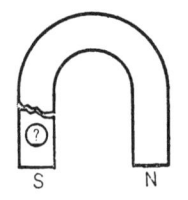

それで，次に「討論」することになります。討論すれば，討論しただけ授業はよけいに時間がかかります。「これを割ったらどうなるだろうか」——討論なんかしないで「じゃあ，割っちゃうぞ」といって，バカッと割って，「これはＳだ」「Ｎだ」とやれば，時間は10分の１ぐらいですよね。10分の１ぐらいですむけど，おそらく記憶にあまり残らない。「なんだ，つまらんことやったな。磁石をわったよ，きょうは。なんだかわからんけど，割ったらＳだかＮになったよ」というわけなんです。

　ところが討論しますと，「こっちがＳの領域だからＳだろう」という考えと「磁石はＮとＳがくっついてるものだからＮだ」と，さんざっぱら議論になりますが，それから実験しますと，「Ｓの領域だからＳ」というわけじゃなかったということがわかります。「へえー，そうだったのか。磁石というのは，どうもＮとＳがくっついているものらしいなあ。ありゃあうまい考えだな。だから，もしかしてここを割ったらこうなるだろう」と，ちゃんと予想しちゃうんですね。そこで，次にこの問題を出せば「勝負あった」です。もう，「どんな磁石だってこうなっているんだろう」となっちゃう。そこまで授業を組織していくわけです。

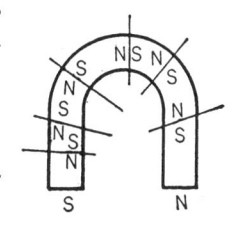

頭のよさは着想の豊かさ

　どのように問題を配列し，どういうふうにやれば，子どもたちが陥りそうなところをきちっとおさえることができるか。これはですね，「西尾市の子どもたちは問題が二つあればいいし，東京の子どもは三つなけりゃあいかん」とか，そういうことはあまりないんですよね。

　特別に優等生ばかりいる学校があります。先生が一をいえば，さっと十までわかっちゃう。そういうクラスだと特別なことがおこります。だいたいそういう優等生ばかりそろっている学校ですと，ある問題ではだいたい全員正答になります。ところが，ある問題ではサーッと全員誤答になります。先生の心の読み方をまちがっちゃうわけです。優等生というのはだいたいみな心理学者ですから。あれは頭がいいんじゃないです。先生の心理を解明す

るのがうまいんです。

　たとえば，学校の先生は「ムダなことをしない」というのが原則みたいなもんですから，先にAとBを教えて問題Cを出すとですね，「AとBの結果を使ってCを答えなければいけない」と考えるんですね。優等生というのはそういうふうに「前のことを使って答える」という習性ができていますから，使ってはいけないものまで使っちゃうことがよくあるんです。たいがい優等生はそうやって成功するんですからね。しかし優等生にとって不幸なことに，私どもは意地悪にできているもんですから，前の問題の答えをそのまま使うとまちがえる問題を作るんです。とんでもないやさしい考えを使って，前のことを使っちゃあいけない問題，そういう問題になると，優等生は全滅しちゃうことがあるんです。

　だから私，「一流の大学の学生はまちがえるけれども，二流の大学の学生はまちがえない」というような問題も作ることができます。そういうようなものはたくさんあります。それで「頭のよさ」というものを多面的に研究してますので，将来の日本の科学の進み方とかいうことはだいたい見当がつきます。東大ではノーベル賞学者がでなくて京都ででるとかね，そういうこともこういうことと関連しています。どういう考え方をするのが頭がいいのか。頭がいいかどうかは実験してみなければわからないけれども，しかし，「なかなか豊富な発想があるな」というような，その発想の豊富なことが重要なんじゃないのかと思うんです。

　だいたい，私自身が学校教育を嫌いでございまして，小学校から大学まで，学校というのが大嫌いでした。なかでも一番嫌いなのが宿題で，宿題があると次の日学校へいくのがいやになっちゃう。宿題やるのがいやだし，やっても次の日持っていくのを忘れそうで，忘れるとたいがいの先生はおこるんですから，おこられるのがいやで……善良だったんですね。「おこられたっていいや」と思ったら学校ぎらいにならなかったんでしょうからね。

　小学校のときはまだよかったんですが，中学校，高等学校，大学になったら，先生の授業のテンポの進め方とぼくの頭の回転の仕方とはほとんど合わないですよ。合う方がおかしいんですけどね，先生の頭とぼくの頭とはちがうんだし，友だちの頭とぼくの頭とはちがうんだから。早すぎたりおそ

すぎたりね。早すぎればイヤになっちゃってわからないし，おそすぎればたいくつしちゃう。それがいやだから，私は授業に出ないことにしようというのを原則にしました。私自身の権限でもって授業に出ないようになったのは高等学校の時代からだと思いますが，中学校ではそういう権限はなかったように思います。だから大学では授業に出ない。それで今でも私は講義廃止論です。自然科学とかいうものでも，「大学の講義など廃止すべきである」という考えです。「じゃあ，講義というものを廃止しちゃったら学校教育では何をやるか。学校教育というのはなくなっちゃっていいのか」というと，そうじゃないんです。

私は授業にはでなかったけど，学校へいったことは意味がなかったとは思わない。「学校」へは行ったんです。建物へ行ったんです。先生に会いに行ったんじゃなくて，友だちに会いに行ったんです。友だちと議論することはすごく勉強になったと思うんです。だから私は，講義じゃなくてゼミナールならいいというんです。ゼミナールだったら，オレがわからなかったら「わからない」といってりゃあいいんですから。「オレのテンポに合わせてみんなはしゃべれ」とオレは要求するし，他のやつは他のやつで「オレのテンポに合わせろ」といって，そこで妥協して進んでいくわけです。

それで，最近ちょっと考えたんです。学校の授業というのはどういう意味があるんだろう。本を読めばだいたいわかるんだから，本を読めるようになったら学校なんて行かなくたっていいじゃないか，とね。だいたい私，一つの講義をさぼるために，その講義に関する本を3冊ぐらい読みました。その方がずっと勉強になりますよ。講義では一つしかやらないけど，私は3冊読みますからね。こんなことしていちゃあ試験は　できないかもしれませんけど，ずっと勉強になります。しかも，時間数はどちらもあんまりかわらないんですよね。

まちがえ方の教育を

私，いろいろ考えていて，授業というものの一番基本的な本質はですね，「まちがえ方を教えること」だ，あるいは「進み方を教えること」だ，と思っています。自分で新しいことをやるということを教える。新しいことをや

れば必ずまちがうんです。まちがえないのは新しいことをやらないからです。やったことが全部あたったなんていうのは，これははじめから知ってたという証拠ですよ。科学者とちがって学校の先生は，まちがえないからダメなんです。知ってることばかりやってるからね。

新しいことをやれば，必ずまちがえるんです。でも，「常にまちがえる」なんていうのはたいへんむずかしくて，「たまには当たる」はずです。それで，うまくまちがえていけば，当たる確率が高くなっていく。「まちがえる」ということは，「いつかは当たる見込みがある」ということなんです。正しいことを見つけることができるようになるためには，まちがえなければならないんです。だから，まちがえ方を教えるということは，「どのようにすればいつかは正しいこと，新しいことを見つけられるか」ということを教えることです。

これでいろいろなものが解明できます。たとえば，よく昔から中学校や高等学校あるいは大学の先生で「いい先生」というときはですね，理路整然とした話ができる人らしいですね。しかし，理路整然として非常によくわかるという先生の授業は，たいへんまとまった授業だとはいえますが，「いい先生」とはいえないと思うんです。

私は長岡半太郎という科学者の伝記を研究しているんですけれど，長岡半太郎の授業というのはとんでもないものだったようです。授業をやりますね。ザーッと黒板にいろいろな計算なんかしていきます。最後にどうなるかというと，「これはまちがいである。次にやりなおす」……それで1時間終わりなんです。そうするとどうなるか。生徒は安心しますよね，「ヘェー，あのえらい先生でもまちがえるんだな」と。そして，「まちがえたっていいんだな」「まちがえちゃったって，またやり直せばいいんだな」「こういうことをやって正しいことを見つけるんだな」ということを学ぶようになるわけです。そういう，学生の前で平気でまちがうことのできる先生というのは，実力のある先生ですね。実力がなければ絶対予習してきますよ，講義ノート作ってね。これじゃあ本を読んだって同じです。印刷して出版すりゃあいいんです。

クラスで討論をするような場合は，友だちみんなが，いろんなところでま

ちがえますね。仮説実験授業ならみんなまちがえますよ。まちがえても，「まちがえた」ということはあとでわかるんですから，「ああいうふうにいろいろな考え方をしていくと正しいことがわかってくるんだな」「ああいうまちがいをしてもいいんだな」という，こういう進み方がわかるようになるんですね。そして，それと，「他人を大事にする」ということの大切なことがわかる。「まちがってもかまわんのだ，まちがえることの中で正しいことが見つかるんだ」……そういうことがわかってきます。

成功・失敗の基準をきめておく

　私の考えでいえば，まちがえ方を一番知らないのが教育学者だと思っています。だいたい教育学者というのはまちがいをしないようにしないように努めています。官僚以上に，永遠にまちがわないように，まちがいをいわないように努めているわけです。だから新しくて正しいこともいわないわけです。つまり，いつもしっぽがでないようにしているわけです。だってそうでしょ，いまだかつて理論を出して「まちがえました」といった教育学者はいないんですから。つまり，いつもいいのがれができるようにして書いたりしゃべったりしているんです。

　仮説実験授業では討論して，「私はアだ」とか「イだ」とかいいます。しかし実験すればどれかになっちゃいます。たとえばウになっちゃう。そうしたら，アとかイの人はいいのがれできませんよ。もちろん「オレはウだと思ったんだけど，イじゃないかなと思って……やっぱりウだと思ったんだけど，かえるのをやめちゃったんだ」といういいのがれはでてくるんですけど，しかし，まちがったということはいいのがれできません。アではない，イではないということは，はっきりしているんです。

　教育学者はよく「子どもを大事にしなければいけません」といい，また「子どもにおぼれてはいけません」などともっともらしいことをたくさんいいますよ。これは正しいかどうかっていったってね，だいたいわかんないです。「子どもを大事にしなければいけない」なんて正しそうですよね。正しそうだから，それで聞いています。ところが「あまりに子ども本位におぼれすぎて教師の指導性を失ってはいかん」という。これも正しそうですね。もっと

もらしいことはいうけれども，まちがっているようなバクチはしない。ですから「どういうときにどちらを重んじたらいいのか」「この場合はどうか」というと，「それは各自考えなさい」といってその責任を負わない。だから教育学者は進歩しないんです。

　自分がまちがえたことがわかったら，それではじめてそのことが「わかった」ということになるので，まちがえを直して自分のものとするわけです。「オレは，まちがいかも知れないが，徹底的に子どもを大事にするということをやったらどうだ」と，そういうふうにやってみて「ああ，いけなかった」とすると，「こういうときには子どものいいなりになってはいけないのだな」とか「こういうときにはなぐった方がいい」とか「これはかわいがった方がいい」とかね。こういうことがわかって，そして新しいことへ進むわけですよ。そういうことを教育学者はいわないで，「子どもを大事にしなければいけない。しかしそれには限度があることを心得ていなければいけない」などといって，たとえば現場の先生がなぐったりすると「だからいけないんだ」というし，「かわいい子，かわいい子」なんてやってると，今度は「そんなことやってるから教育がなりたたない」というように，他人をおこることしかやらない。

　これではだめなんです。自分自身がまちがえることができる人間，自分自身がまちがえることを主張していないと ── つまり，どうなれば自分自身がまちがいであり，どうなれば自分自身が正しいのかということをはっきり判断できるような基準をうち出しておかないと，進歩しないのです。だから，私はもっぱら**自分のまちがいを発見しやすいようにして研究**することにしているんです。

　私自身は授業しないんですが，「私が作った授業書でやればうまくいくにちがいない」と思ってそれを提出します。それでもしうまくいかなければ，それはなんといっても私の作った授業書がよくないことになるんですからシャッポをぬぎます。それでもっといい授業書を作ろうと努めるわけです。

　「この〈電流と磁石〉の授業書でやれば子どもたちが磁場の概念がよくわかると思う」といって提供する。しかし，「やっぱりよくわからなかったですね。よくわかったところもあったんですが」ということになれば，いけ

ないというところを直すことができます。そういうふうにして進歩する。そのとき「オレはまちがったんだから進歩したんだ。オレはえらいんだ」と，私は絶対にそう思うことにしているんです。

　だから私は，研究会などに行くときによく「講師」なんてよばれて行きますけど，私は「講師ではない，被告なんだ。なんとなれば，きょうの授業がうまくいかなかったら半分は私の責任だからです」というんです。「しかし，うまくいったら半分はオレの手柄だと思います」ともいうんです。責任だけかぶるのはイヤですからね。そういう意味で，私は被告人でありますから弁明をする。「弁明はするけれども，被告人だからやっつけることをしてほしい」と，そういうふうにいっております。

　仮説実験授業はそのようにして失敗のしかたをはっきりきめます。授業が失敗したか成功したか，その勝敗の基準をきめるのです。たとえば，ある授業書で授業をして，クラスの過半数が授業が「おもしろい」と思うようにならなければ授業は失敗である。それから，クラスの大部分の連中が，教えようとしたことがわからなければ，授業は失敗である。また，子どもたちはおもしろかったしよくわかったにしても，先生が「もうこんな授業はこんりんざいイヤだ」「こんなくたびれる授業はイヤだ」というなら，これはまた失敗だというようにしているのです。

　つまり，**授業の成功失敗の基本的条件は，**

　　　　"クラスの過半数の子どもがこの授業をおもしろい，たのしいということ ── 少なくとも「つまんない」「いやだ」という子どもが例外的にしかいないこと"

それから

　　　　"子どもたちの圧倒的多数が，この授業がわかるということ"

それから

　　　　"先生が，またこれをやってみたいと思うほどのたのしさ，おもしろさがあるということ"

です。こういうふうにして授業というものを構成していく。そうすれば，「オマエの授業プランはいけない」とか「あの授業プランはいい」とかいうことがはっきりします。もちろんあいまいなものも残りますが，こうして授業の

検証を続けていこうということを私たちは考えているのです。

近代科学の成立に学ぶ

それで、だんだん授業の内容が煮詰まってきます。

私たちがそこで考えたことは、「私たちは哲学者ではない。今までの哲学者的教育学者とはちがう」ということです。哲学はいつも全体的な真実を問題にしますが、私たちはその「全体」ができないということでございます。「ウソでもかまわないから全体を」などとは考えません。だいたい、全体をやれば必ずウソがはいります。まだわからないことをやるんですからね。だから指導要領とかなんとかは必ずうまくいかないところがでてくるにきまっているんです。

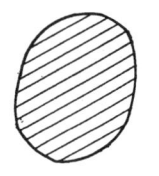

現在の理科教育の体系はこれだけ（右図）とします。しかし、これはきわめてあやしげな体系であります。今までの体系はだいたい密度が薄いんです。しかし、私たちの体系は、「これは絶対たしかだ」というものを作っていく。だから、体系を求める人が、「仮説実験授業のカリキュラムの完成表を見せてほしい。それがなければできません」というなら、「できなくてよろしい、そういう人はやらなくてよろしい」と考えております。

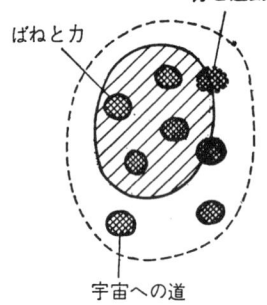

私たちは、「ここんところはこう確かだ」とこういうものを、一つ一つ作っていく。そうすればいつか、遅々とはしていますが、いつかは全部になっちゃうだろう、そういうふうにして作るということです。だから、ここ（a）の土俵で議論すれば必ず勝つという自信はある。このへん（b）はまだあやしいですね。でもだいたい見当がつきますから、議論すれば勝ちますね。このへん（c）はノー・コメントです。

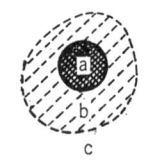

だいたい、近代科学が生まれたのはこういうやりかたにもとづくものです。

アリストテレスの自然学というのは、何から何まで論じてあります。とこ

ろが，ガリレオの物理学なんて，落下の法則とふりこの振動とか，ごく一部のことだけをとりあげているにすぎません。図でかくと，これだけですよ。これでケンカしたんですね。今でも自然科学の体系はアリストテレスの自然学の体系ほど広くないですよ。まだたくさん抜けおちているんです。そして，これ全般をいっぺんに論ずるのは，いわゆる哲学的自然論者です。このへんまで論じちゃうのが，いわゆる湯川さんみたいな人ですね。「まだここはわからないけど，このへんはこのようにいっていいんじゃないか」と，まわりをやるわけです。科学者のなかでも視野の広い人は，こういうことを論じることができるんです。しかし，アリストテレスのように，こんなところまで，「神の世界はどうのこうの」とは論じませんよ，湯川さんは。哲学者はそこまで論じないと気がすまないらしいんですが。

　たしかに明らかにできるところだけを明らかにしていく ── そういうような形で近代科学は進んできたんです。その例にならって，「いたずらに〈教育学の体系〉というものを求めるべきではない」と私は思うんです。もちろん，実践的な社会の中では，「こっちがまだわからんから」といって何にもやらないわけにはいきません。やらないわけにはいかないのでやるんだけれども，「ここんところはまだたしかなことはわかっていない」という前提でやらなければいけないと思うんです。

　ガンの特効薬なんてまだ発見されていない。それでもガンにかかったら，ガンの手あてをせざるをえない。そのときに，「決定的な薬がないからオレは自殺するに限る」とかなんとかいわなくて，なんとかしなければならない。なんとかしなければいけないことはいけないけど，まだ，決定打がない。だから，すきなら神様におすがりしたってかまわんのですね。そんなことは，もしかしたら神様の領域かもしれないしね。

　だから，ここは何か大切なことがあるかもしれない，そしてそのことをしないと困るんだけれども，「なけりゃあ困るから」といってデタラメのことを考えてですね，こっち（確かにわかっていること）と同じくらいの確からしさだと考えちゃ困るんです。不確かなことと確かなことをはっきりさせる必

要があるんです。確かでないことは確かでないとして，まあまあでやっていく。確かなことは確かなこととして自信をもってやる。そして，だんだんと確かなことをふやしていく。そして，「私の考えによればこういうふうに教えればいいのである。このへんはいらないのである」という議論をしてゆくようにすればいいと考えているのです。

　私たちの研究は，こういう意味で近代科学をまねていることになります。決してあせらない。しかし，絶対確かなものを着実に作っていく。そのために，体系を求める人には不満に思われるかもしれないけど，まあ「いつかは勝利するであろう」と，こういうふうに考えております。そこで私たちは，現在はまだ勝利していないけれど未来の勝利は確実であるということで，「未来の科学教育」といった都合のいい名前をつけたりしております。未来はこの予想がはずれるかもしれませんけど，まあそういうつもりで研究しております。

　どうもまとまりのないような話になりましたけど，私どもの考えていることの一端でもわかっていただけたかと思います。

　　　　〔1968年2月3日，愛知県西尾市福地中学校での講演。犬塚清和さんが
　　　　記録・編集したもの（ガリ本，西尾仮説サークル編『仮説』第3集，
　　　　1974年3月，掲載）をもとに筆者が加筆〕

第3話

評価論
— なぜ，何を教育するかの原理論 —

　きょうは，評価のことについて，ふつうの進歩的な人たちの考え方と少しちがう面をできるだけ出しながら，少しまとまった話をしようと思います。

1．誰が何を評価するのか

目標があれば評価もある

　「評価はすべきでない」「できない」「してはいけない」という意見があります。これには私は反対で，「評価はできるし，しなければいけない」という考えをもっています。

　人間が目的意識的な行為をするときには，その目的意識的な行為がうまくいったのか，うまくいかなかったのかということが，必ず問題になります。目的意識的行為がうまくいったならいいわけだし，うまくいかなかったならどうしようかということが問題になるわけです。目的に対して評価があるわけで，もし評価ができないとすれば，目的がないのです。目的があれば，評価の基準がはっきりしています。だから「評価はすべきでない，してはならない」という人は，何も目的を持っていないことになります。あるいは，評価はしているんだけど，あまりにもえげつない評価をしているので，はずかしくていえないのではないか，ほんとうは人を差別しているので，それを口にだせないで「評価すべきでない」などとごまかしているのではないか —— などといじわるに考えています。

私は，進歩派・革新派を自称している人たちの中に「評価をすべきでない」という人がいたりすると，「あ，あの人は差別してるんだな」と思うことにしているわけです。差別問題についてワーワーいってる人が，心の中では一番差別しているような感じもしてならないのです。
　「評価はできない」といっている人たちでも，目的意識的行為まで「してはいけない」という人はいないですね。教育というのは目的意識的な行為なんです。もし，ここまで否定してしまうなら，また話は別です。

教師の目標・子どもの目標
　　── 目的意識に合わせた自己評価

　評価というと，みんな他人を評価することを考えますね。先生は生徒を評価する，子どもを評価するということを考えるわけです。確かに教育活動でまず目的意識をもつのはだれかというと，それは教師であって，子どもではない。しかし，教師にとっての目的だけではなく，子どもにとっての目的というのもあります。
　教師にとっても「私はこうしたい」というのと「子どもをこうしたい」というのと二つありますね。また，子どもにとっての目標もあります。教師の目標と子どもの目標とは必ずしも同じではありません。それを同じであるかのごとく幻想をいだく。「同じでなければならない」と思いこむ。「いや，子どもの目標というのは教師の目標に従うべきだ」と考える先生も多いのですが，私は，「教師の目標と子どもの目標とは別なんだ」という考えを前提に，話をしたいと思います。
　きわめてはっきりしているのは，教師の「私はこうしたい」という教師自身の目標ですね。「登校拒否」ってのがありますけど，先生方の中にも実際あるみたいですね。「どうも，きょうは腹が痛い」「きょうは理科の時間があるのでいやだな」と，登校拒否をしたいような気になることがあります。教師にとっての生きがいみたいなものが，あまりなかったりします。そのようなとき，子どもや他人のことを考える前に，自分のことを考えたりするわけです。「きょうは，なんとか子どもに反抗されないで，なんとか1日まるくおさまってくれたら」といった目標を持ったりするわけです。あるいは，「職

員室で気まずい思いをしないように，校長さんや教頭さんや，組合の委員長や，その他の人と気まずい思いをしないように」と，そういう目標をもって学校へ行って，「きょうはまずまずだな」ということで帰ったりするわけですね。

ところで「子どもたちの目標」というときには，それはたいてい教師（自分）にとっての目標に従属しているわけです。ふつう，先生はそのことをごまかしてしまいますがね。よく「授業を他のクラスと歩調を合わせてやらないと」などといったりします。「子どもを主体に」ともいいます。しかし，話をよく聞いていると，結局は教師の歩調を合わすことになっている。「教師の歩調をなぜ合わせなければならないか」というと，「私にとっても住み心地の悪くならない職場」というのが一番の興味になるからですね。そうすると，力関係によって授業のやり方がいろいろ変わってきます。

「目標に合わせて評価をする」というのは，決して「子どもを評価する」という前提でなりたっている言葉ではありません。「目標を立てたら評価しなければならない」というのは，自分自身についての評価のことですね。子どもにとっても目標があるならば，もちろん子どもにとっての評価があります。子どもはどういう目的をもって学校に来るのか。先生にしかられないために学校へ来るのなら，先生にしかられなかったら，それでいいわけです。友だちにいじめられないために来るのなら，仲よくできればいいですね。私なんかいつも，うちの子どもに「勉強したくなければしなくていいよ」というんですが，そうすると子どもは「だって，勉強しなかったらみんなにばかにされるもん」などといいます。「そうか，ばかにされたくなかったら勉強すればいい」というと，「だけど勉強するのいやだもん」といいます。「じゃ，やらなければいいだろう。勝手にしろ」というんです。つまり，うちの子どもの目標は「友だちにばかにされない」，それが目標であって，それがうまくいけばまあいいわけです。

こういうように，教師の目標と子どもの目標は一応切れていますが，教師の職業は因果な職業で，子どもがいないと成立しません。「子どもの目標を達成してやる」ということを請負って教師になったのですから。

教師がいて，子どもがいて，二人だけならいいですよね。この間に親がい

たり，校長がいたり，教育委員会がいたりして，評価というのはとても面倒になります。一番単純にいえば，教師と子どもがいて「子どもの目標を達成するために教師は行為をするのである」となります。

友だちと仲よくすることが目標であれば，教師はそれを助ければいいわけでしょ。ところが，そうは簡単にいかなくて，親というのがいて「子どもにこういうことを教えてくれ，こういうことをやらせろ」というわけですね。しかも，またその親が複雑ですね。「一流大学に行くのは子どものためなんだから，ここのところはつめこんでもいいからやってくれ」というわけでしょ。また，教育委員会とか校長とかいろんなのがいて，またよけいなことをいうでしょ。そんないろんなサゼッションをしてくれる人がいるから，ますますわけがわからなくなる。わけのわからないことがあるから教師が勤まってるのかもしれない。

こういう問題はすっきりしないですね。何のために勉強しているのか，何のために評価しているのか全然わからなくなってしまう。そこで私は，まず原理的にいって，教師の目標・子どもの目標，この二つを前面にたてる。親も教師のうちと考えてしまって，一応，二つの柱を考える。

子どもというのはあまり社会を知らないから，子どもは自分にとっての目標を必ずしもはっきりとは確立できません。教師とか親とか，いろんな人がなんとかいうと，子どもの目標はたえず変わってきます。きのうまでは巨人のファンで巨人の選手になりたかったのに，今度は「カープの選手になりたいなあ」と思うわけでしょ，テレビで放送したりするとね。そういうふうに，たえずガタガタしています。

子どもの目標はかなり，教師や親によって大きく条件づけられているわけです。しかし，どんなに条件づけられているとしても，子どもにとっての目標は子どもがきめるんです。決して教師や親や校長が決めるものではありません。つまり，学習とは自ら学ぶのであって，自ら学ぶ学習をするのが子どもであるわけです。入れ知恵をされてもなんでもです。

子どもにいろんな入れ知恵をして，「大会社に勤めないといけないよ。そのためには一流大学に行かなければいけないよ」と話せば，「なるほどなあ」と思って「もっと宿題を出せ」と親の代弁をするような子どもがでてきたり

します。が，それはやっぱり子ども自身がいうわけですから，子どもが何らかの意味で納得しているということで，やはり一応子どもの要求ととらえていいわけです。

教師だっていろんな要求をいいますが，これだって教師の目標になるわけですね，「校長にうるさくいわせない」とか。そのために評価をするとか，いろんなことがあります。これも複雑ですね。「自分自身はこういうふうにしたいんだけど，そうするとまわりがうるさいから，一応まわりをだまらせるためにこうしよう」と，二重構造なんです。子どももそうです。子どもは「友だちとの関係さえうまくいけばいい」と思うのだけど，「家でおふくろのいやな顔を見るのはいやだ」とすれば，「おふくろをだまらせるためにこの程度の勉強をしておこう」となるわけです。

このように，第三者に対する思惑が間接的な目標としてはいっている。おかしいのは，間接的な目標の方がイバッていることが多いですね。私など評価の問題について話をすると，よく「だって，評価をしないとおさまりませんから，しないわけにはいかないんです。どう評価したらよろしいか」という人がたくさんいます。「校長とか会社が許しませんから，どう評価したらいいか教えてください」というんです。こういう質問をする人に対して，私はいつも「勝手にしなさい」というほかありません。これは，「評価をしろ」といっている人がどういう人で，どういう圧力をかけているか，その圧力のかけ方によって対処の仕方がきまるので，一般原則なんかないですね。具体的な圧力をかける人間との力関係できまるのですから。

2. 相対評価の根源と効用

相対評価の根源
── ホンネとタテマエ

子どもは何のために勉強しているのでしょうか。── 子どもに「学校へ行かなくたっていいよ」といったら，やっぱり「行く」という子が多いでしょうね。学校へ行かなければ友だちがいなくなりますから。子どもにとって学校とは，何らかの意味で「行かないよりはましなところ」，そういうことに

かろうじてなっていると思うのです。友だちがいる，なんとなく連帯感がある，少しは遊べる……。

そういう目標と，お父さんやお母さんやその他のおどかしで「安定した生活をするためには一流高校や一流大学へ行かなければならない」という目標がある。それはあくまで空虚な話なんですけど，「差別されるよ」というおどかしがある。子どもは「一流高校へ行くといい生活が保障される」ということも観念的にはわかります。しかし，子どもたちが一番切実に一流高校に行きたいと思うのは，一流高校にいくやつがいて，おれが二流高校，三流高校に行くということに耐えきれないからですね。

親もそうです。親も「一流高校に行かせないと子どもの将来の生活が不安だ」とか，子どものためを思っているかのごとくいうんですけど，ホンネを出すとそうではなくて，「うちの子どもは一流高校に入った」ということを誇りたい。「子どものためには一流高校をやめてこちらの学校へ行った方がいいですよ」といったとき，「そうですか」と一応は納得するお母さんがいても，心底からは納得できないことが多いのです。「うちの娘は一流高校へ行ってないと世間でどういう目で見られるか」ということを心配するのですね。お母さんがたは近所の人に「あなたの娘さんは勉強ができますね」といってほしい。「劣等生ですね」と思われたくない。それが一番の原動力で，つまり，他人の目を考えて行為していることがすごく多いことはたしかでしょう。自分の目標が「他人によく見られること」に束縛されて，いろんな行為をするわけです。

学校でも40代教師という人たちの中には，教頭になるか指導主事になるかということであくせくしている人たちがいますが，それなども，ほんとうに本人自身が校長になりたくてあくせくしていることもあるでしょうけれど，実際にはそうでもないみたいです。「校長になった」という事実がだいじなのですね。つまり，まわりから「まだ校長でない」といわれるのが苦しいのです。たいてい，まず奥さんが「あんた，いつ校長になるの」「あんた，いつ教頭になるの」「世間体があるから教頭ぐらいなってよ」と催促されたりして，いたたまれなくなるのでしょう。

人々は，タテマエの上では「一流高校へ行くのは将来の保障を求めて」

となってるんですけど,「それだけか？」と思うのです。それ以上に, そのときどきの自分に対する差別感, つまり「自分が他人より上である」という意識をもちたいという気持ちがある。つまり,「人より上かどうか」, これが評価基準になっているんです。だから評価するのは簡単なんです。「人より上かどうか」―― これはもう完全に相対評価です。人より上かどうかですから, 絶対評価になりっこない。だから, 一般に世の中の人々は決して絶対評価を望んでいるわけではない, と思うのです。

親の教育要求は「自分の息子をできるようにすること」でなしに,「人より上にすること」なんです。それがすべての親の要求だといってよいのですが, これは実現できないことなんですよね。すべての親の要求が人より上にすることなんですから, 自己矛盾です。また, 自己矛盾であるから救いがあるともいえます。つまり, 実現できないにもかかわらず実現できるかのごとく思うのだから, どこかであきらめることができるわけですからね。

「自分の子どもを相対評価で上になるようにしてほしい」という　望みがある。しかし, 全部が相対評価で上になることはできないんだから, 劣等生連盟でもできると「相対評価は困る」となる。「相対評価をされると自分が下であることがはっきりしてしまうのでいやだ」という気持ちがあります。どっちが多いか, これはなかなかむずかしいですね。相対評価をしてほしいというのと, してほしくないというのと, どっちが多数派だろうか。

クラスのビリから2番目であってもビリより上でしょ。しかし, 上から数えたらずっと下なので, それは困るんです。ほんとうのビリというのは純粋ですよ。ほんとうのトップも純粋ですね。これだけははっきりしているんです。ところが途中は非常にデリケートなんです。ビリでも,「おれは今ビリだけど, こんどはビリから3番目になってやるぞ。そしてだれかをビリにしてやるぞ」という根性にもえて勉強したりすることがある。そうやって生きようとするでしょ。そしたら, これも相対評価賛成なんですね。相対評価というのは下に立つ立場になると決して支持しないかというと, そう簡単にはいえないわけですね。しかも「人より上だ」ということが生きがいになっている世の中では, その人間が**何か行為をはじめたとたんに相対評価が好きになる**んですよね。これが相対評価の根源だと思うんです。

強引な相対評価批判の誤り
── 点数のたし算のできる根拠

ところで，進歩派では「相対評価はナンセンス」という考え方が強いですね。そこで，その強さにおもねって，自分たちの党派性にしたがった理屈をでたらめにつけるということがあります。たとえば，「相対評価で人よりよくなったって，ある人は国語ができて算数ができない，ある人は算数ができて国語ができない。だからこれは比較にならない。だから，人間に序列はつくれない」というように論じられたりします。「算数と国語と社会と理科の点数をたすとは一体何ごとか」「たせないではないか」というわけです。たいへんもっともですね。「それにもかかわらず，それに序列をつけて上だとか下だとかいうのはいけないのだ」というわけですね。

では，世の中の人は全部，序列がつけられないものに序列をつけて，幻想に酔っているのでしょうか。

「算数の点が60点で国語の点が50点の子どもと，国語の点が65点で算数の点が50点の子どもと比べたら115点の方がいいから，こっちの方が優秀だ」といったりすると，「そんなのでたらめだ」「そんなのたし算しても意味がないんだ」というふうにがんばろうという人がいますけど，たいがいがんばれないですね。なぜかというと，なんとなく「こっちの方がたし算して5点おおいじゃないの」と，そんな気分にさせられてしまいますからね。「なんか，自分が良心的であるかのごとくいってみただけなのではなかろうか」と私は思うのです。はかない抵抗ではないですか。

なぜかみんな，じっさいにはこのような幻想で「こういう子よりこういう子の方がいい」と思ってるでしょ。はたしてそれは幻想なのかどうか。幻想であれば，簡単につぶれるはずですが。

国語と算数などは，まだ，いわゆる〈勉強〉ですが，これが「かけっこの点と算数の点とを比べる」ということになると，ずいぶん抵抗があります。算数の点を国語にふり向けるとか，今まで国語ばかり勉強していたのを算数の勉強にもふり向けるということかはわりに簡単ですが，「算数の点をかけっこの点にする」とはなかなかいえないようです。それは「算数の点と国語の点とは互換性がある」ということが，大なり小なり考えられているから

です。つまり，算数の点を国語にすることもできるし，国語の点を算数にすることもできる。確実にできるわけではないけど，そういうふうな感じがする。「算数の点が10点下がってもいいから，かけっこで10点上がりたい」などというのは困難ですけど，水泳なんかですと訓練がかなりきくから，泳げない子どもが算数の勉強をやめて泳げるようにしようということはありえますね。

　じつは，私たちが勉強するとき，いろんな点で互換の可能性があるのです。リンゴとミカンは全然質のちがうものだし，「おれはミカンが好きだけどリンゴはきらいだ」とかいろんな人がいますけど，なおかつ，リンゴ3個もミカン10個も300円だ，したがってリンゴ3個とミカン10個とは等しいんだ，という言い方もできます。なぜかというと，リンゴ3個作る労働と，ミカン10個作る労働とは等しいわけです。これは『資本論』の問題です。もしも，含まれている労働がミカンの方がリンゴよりはるかに多いのに価格が等しいとなると，たいへんなことになる。ミカンを作る人がいなくなってしまいます。これと同じようになって，国語と算数とはちがうものだけど，どっちかを勉強すると，片方の点があがりすぎてしまうこともあります。

　ここで非常に問題になるのは，入学試験ですね。入学試験というのは，算数＋国語＋社会＋理科と，こうなります。いろんな教科をたしてその総点を比べて合否をきめる。ある人は「数学を勉強して1時間あたり0.1点の点が上がる可能性がある。しかし国語だと0.2点上がる。理科だとどうだ」となって，いわゆる偏微分係数になってきます。総点数は受験勉強の時間の関数によって決まる。

　総点がY，数学がS，理科はR，国語がK，内申書は……とすると，これはみんな時間の関数です。そこで，

$$Y = \int_0^{t_1} S(t)\mathrm{d}t + \int_0^{t_2} R(t)\mathrm{d}t + \int_0^{t_3} K(t)\mathrm{d}t + \cdots\cdots$$

といった関数が最大値になるようなt_1，t_2……の値を求める問題ということになります。（こういう計算をやらないかぎり，大学や高校の数学はいっこうに役立つことはないみたいですが……）

これを，時間で微分する。数学をおさえて国語だけで微分するとかね，数学だけで微分するとか，みんなそれぞれ微分をする。そして，一番大きいやつ，単位時間あたり一番点のかせげそうなやつを勉強しますね。私なんか「国語なんか勉強しても全然上がらないから国語はやめる」とか，「おまえは数学やったってむだだ」とかね，人によって少しずつちがうでしょ。こんなとき，苦手のやつばかり勉強する人もいますね。いろんな人がいます。結局，総点というのは時間の関数なんですね。他に「頭のよさ」とかなんとかいう係数もあって総点がきまってくることもある。浪人も，受験勉強の時間をふやすと確実にこのYは上がりますね。

　私，入学試験の成績の分布なんか調べたことがあるんですが，1年浪人すると東大の入学試験で60点上がるんです。2年浪人すると90点上がるわけです。そんなわけで，卒業現役のとき何点ならば次の年に東大に受かる確率はどれだけか，きわめてはっきりわかります。昔，日比谷高校などは，たくさん東大にはいった。日比谷高校の中で何回か模擬テストをやってその成績をみると「こいつは現役で確実に入る」「こいつは1年浪人すれば入る」「こいつは2年浪人すれば入る」と，天気予報よりはるかに正確な予測ができるようになっていました。

　こういう点数の上がりぐあいでやるんですから，結局これは，時間の関数と頭の関数ですね。もちろん頭の関数といってもいろんな関数があるわけです。覚えが早いとか，行動的に理解しやすいとか。だから，結局これ，たし算ができることになるわけです。みんな時間の関数であれば，たし算できないことはないのです。

　最後に行きつくところは入社試験です。これは「どういう人間が企業から求められているか」ということによってちがってくるわけです。こういうときには，たとえば「個性的な人がほしい」というのと「円満な人がほしい」ということがありますね。「数学さえできればいいや」ということもあるし「まんべんなくできる人がほしい」ということもある。

　みなさんだってそうではないですか。自分の学校に新しい先生が来る。「こんどの先生はできるかもしれない」とか「できないかもしれない」とかね，そう評価をするでしょ。いや，「そのような評価をしてはいけない」と

思っている人でも，たいがい評価していますね。「今度の先生は，理科の授業はうまいけど，国語の授業はできない」とか，個性的な把握をしているだけでなく「全般的に優秀な先生かどうか」もみている。「全般的にこっちの先生よりこっちの先生が優秀だ」とかなんとか評価したりする。また，「うちの学校に先生のポストが一人分あいている。だれか一人採りたい」というとき，「こっちの先生とこっちの先生とどっちがよいか」と考えて，たいていの人は意見をもちうるでしょ。「こちらの先生は理科ができてこちらの先生は体操ができるという形だから比べられない。したがって比べることを拒否する」という人はほとんどいないんです。もちろんそのときの状況にもよりますね。「いま理科の先生がほしいので，全体としてはこっちの人の方がいいけど，いまは理科の先生を採ろう」という発想もあります。

全体的に評価するということは，何かしら進歩的な理論では，できないからナンセンスだといわれるんだけど，私は「それは必ずしもナンセンスでない。私たちはそれをやっているわけだから，やっている以上，それはナンセンスだとはいえないのではないか」と思うのです。そして，「問題はもっとちがうところにあるのではないのか」と思うのです。

選択があれば競争がおこる
　　── 合理的な相対評価もある

相対評価はどういうときに表れるかというと，「だれか一人，人間がほしい」というときですね。たとえば，私の研究所で研究員を一人採りたい。そのときに何人かの候補者が現れる。AさんがいいかBさんがいいかCさんがいいかというときに，どうやって選びますか。やっぱり総合判定するでしょ。それで相対評価するわけです。もちろん，いろんな相対評価の仕方があります。「私は優秀な研究者だから，もっと優秀でない研究者を採っても十分にやっていける。優秀な人は他に行ったらよい」というのもいいわけですが，ともかく相対評価をして，いいなり悪いなりを決めて採用するわけです。だから，ある限られた範囲で選択をしなければならないときには，必ず競争という行為をともなっているわけです。

どんな人でもそうです。たとえば，私たちが「ひと塾」というのを開くと

きに，収容人員が200人なのに300人応募者がいると，300人の中から200人を選ばなければならなくなります。そんなとき，これをどうやって選ぶか。「抽選で選ぶか，それとも早い順でやるか」といったことが問題になります。「早く応募して来るのは，遠いところはたいへんなのだからハンディをつけようか」などとなると，非常に複雑になりますね。「全部入れてしまおうか」「私立大学並に水増し入学させようか」とか，いろんなことを考えてやるわけです。

　選択があると，必ず競争がおこります。選択をするときは，必ず相対評価です。競争というのは，就職とか入学とかだけでなく，いろんな場合があります。私はよく思うのですが，こんな法則があるんじゃないですか。「**一つの学校に，アンプをいじくれるのは一人**」という法則です。みなさんの学校はどうですか。アンプのいじくれる人がたくさんいるでしょうか。たいがい一人だと思うのです。じつは私，前には「一家でヒューズを直せるのは一人という法則」をたてていたんです。ところがヒューズは最近ほとんどきれなくなって，あまりそういうことは問題ではなくなったんですけど……。だいたい決まっているでしょ，アンプをいじる人はだれか。困るのは，その先生が他の学校に移ったり，病気で休んだりしたときですね。だけど，うまいことだれかいるわけです。一人がいなくなると，またどこからか現れてくる，ちゃんと。過渡期はちょっとめんどくさいですが，ナンバーワンがでてくるんです。

　そういう人がいれば，他の人は手を出さないですね。そのうまいと思われている人がいなくなって，その次だれがうまいかわからないと，とりあえず「理科の専科は出てこい」とか「若い男の先生は出てこい」とかいうことになる。その間ちょっと地位が安定しないもんですから複雑ですけど，そのうちにすぐ安定してしまう。何も選抜試験などしなくても，一番すぐれていると思われている人がなんとなく決まってしまうと，他の人は手を出さないわけです。おそらく，そういうことが起こっているのではないかと思うんです。こんなの，ほんの少しの経験から一般化した，すごく強引な法則ですけど，きっとたいていの場合成立していると思うんです。

　「歌唱指導するのは一人」という法則，「なんとかをやれるのは一人」と，

いろんなことでそんな感じがすることがあるでしょう。何人かで外国に行くとき,「英語をしゃべるのは一人」という法則もあります。数人で行くと,おもに一人がしゃべることになるでしょ。できるやつがいると,あとの人はうしろにかくれて「おまえ,いえよ」とか,道を歩いていて曲がり角にきたとき「道をきくのは一人」という法則とかね。

　これは,我々が,何も〈選択〉とかいかめしいことをいわなくても,私たちの生活の中に「これについてはだれが適任だ」という序列というものができているということですね。もちろん,たまには火花を散らすことはあります。「おれだってできるぞ」とか「おれだってできないぞ」とかね,ゆずりあったり争ったりすることもありますけど,少しすると,たいていみんなきまってしまいます。学校の理科の時間などでも,生徒実験をやらせると「じっさいに手を出すのは1グループに一人の法則」なんてのも見られます。たいがいのグループを見ていると,「おまえは手をだしちゃだめだ」といっておこっている子どもがいたりします。「おまえは見てるの!」とやっています。ちゃんと,「これはだれにやらせたらいいか」という,得意とする人の序列ができちゃっている。

　こういうことを考えると,このような現象は必ずしもケシカランことではないでしょ。「たいへん合理的にできている」ともいえます。これを,「アンプの操作は順番でやろうや」とか「歌唱指導も輪番でやろうや」と民主的なやり方をした方がいいかもしれませんけれども,いつもそういうのがいいかというと,必ずしもいいとはいえないでしょう。

「できる」と思われたいから「できる」
― 優等生的学習意欲

　ところで,いつもだれか一番適任な人たちがやるようになると,その人はますます適任になります。ほかの人たちは,やらないからますます適任でなくなる。こういう傾向があります。私は,「学校で予習をさせるというのは,たいへんこれに似ている」と思うんですが,どうでしょう。この場合には,はじめに「できる」と思われることがたいへん重要になっているわけです。

　友だちの心理学者にきいたことがあるんですが,こんなことがあるそうで

す。それはですね，いかにも権威ある心理学者らしい感じの人が教室に行って，でたらめに「あの子とあの子が勉強できるでしょ。私が見ればわかる」とかなんとかいうんです。そして，「何，できないって？ それはどこか指導がおかしい。いや，のびるはずですよ」などというと，その子はたいていのびてしまうというんですよ。じっさいそういうことがあっても不思議ではありませんね。

　先に傑出すること，つまり「出足が早い」ということは，時には「器用びんぼう」とかいって雑用をさせられて損をすることもありますが，すごく学習者にとって有利になることが少なくないわけです。だから学校である子を優等生にしようと思えば，出足を早くさせたらいい。明日勉強することを前もって勉強させてしまうというわけです。そうすれば，いかにもかしこそうでいられますね。そういうふうに親が仕向ければ，小学校の低・中学年ぐらいは確実にリードするように仕向けることができますね。しかし，だんだん親の意図だけでは出足を早くするわけにいかなくなりますから，中学，高校，大学とだんだん成績が悪くなってきたりします。ところが小さい子どものときにいい成績で，だんだん下がっていくことは悲劇的な感じがしますね。そういうことがわかっているからこそ，私はうちの子どもにはそういうことは全然しないことにしています。短い期間のことはともかく，長い間で勝負したらどうなるかということは，必ずしもわからないからです。

　しかし，出足が早いということで優利な地位について，それが学習の意欲につながるという学習のしかた，これはたしかに小学校のときには有利な勉強法とはいえます。これは，背伸びをして勉強することだといえるでしょう。内面的に興味があるわけでなしに，「自分が先だということを認められるのがうれしくて勉強する」というやり方です。しかし，そういう生き方が一生つきまとったらどうなるか ─ 私には自信がないのでおすすめできませんが，じっさいには多くの人がやっている方法であることにはまちがいないと思います。

　これまで，たいへんな俗論を話しました。こういう俗論は，みなさん知ってはいても，お互いにだいたい了解しあっていて話さないことにしているの

だと，私は思うのです。しかし，たいがいの人は「あ，思いあたるふしがある」と思ってくださると思います。

評価論をやるときは，ふつうこんなことをいわないですね。「そもそも相対評価はけしからん」とか「人間を比較するとは何ごとだ」とか，いうわけです。しかし私たちは，社会に生きていくうえで「いちばん適任なだれか一人がやればいいんだ」ということについては，相対評価を使ってかまわないんじゃないかと思うんです。相対評価は，ある意味では不可避的なんです。ある種の，「リーダーがあってはならない」と考えられるときは別だけど，ふつうは必要だといえる。何らかの意味でリーダーが必要であれば，必ず相対評価の必要が起こるわけです。

私たちはいまいったように生きているんですから，それがもとになって教育全体を相対評価にしようという考え方が生まれることになります。これはどう考えたらいいでしょうか。

たとえば，手紙を書く。これも「一家で手紙を書くのは一人」という法則もなりたちますけど，それでも，日本語をしゃべるとき「おれのかわりにしゃべれ」なんてことはないですね。一人ひとりが独立に必ずしなければならないこと，「読み，書き，ソロバン」といわれることは，すべての人がやらないといけない。得意，不得意でやらないわけにはいかない。しかし，これらはやれればいいのですから，だれよりよくできるとか，だれよりよくできないとかいう必要はないですね。手紙を書くとき，「あの人はすごくかなまじりの字を書くな」と思っても，その人の個人的なプライベートな手紙はその人が書かざるをえないし，また書けばいいでしょ。その人の手紙なんであって，他の人の手紙と比べて変な字を書いたなんていったところでしょうがないですね。

このような，すべての人が教えられなければならないことについて比べることに意味があるでしょうか。私は，そういうことまでも相対評価しようという連中がでてくることが問題なんだと思うのです。「**だれかができればいい**」ということと「**すべての人が**」というのとの大きなちがいに目を向けてほしいのです。「だれかができればいい」というときには相対評価が生まれてくるし，「すべての人が」というときには**相対評価はナンセンス**だと思う

のです。

　「すべての人が」というときは，自分自身の中で自分自身を比べる以外にないですね。「きのうよりもきょうがよくなった」ということが満足すべきことであって，「他人をおしのけておれがやる」ということは問題じゃないんです。習字の先生だったらうまく書ける方がいいが，そうでなかったらふつうに書ければいいわけです。そして，自分に満足できればよい。「おれはへただけど，これでいいんだ」と思えればいいわけです。ところが「おまえはなんてへただ，そんなへたな字ははずかしい，おかあさんはとっても気になる」なんていわれたら，その人，書く気しなくなってしまいますね。「わたしはどうせへたなんだよ。へただけど手紙を書く必要があるから書くんだ」と，自分自身の評価にもとづいてやれないと困るわけです。

3．教育内容の改変を

「みんながやらなければならないこと」は何か

　ここで，もう一つ考えてほしいことは，「だれかがやればいいこと」を「すべての人に」教える必要があるか，という問題です。現実には，だれかがやればいいことをすべての人に教えるということがおこっています。たとえば，アンプの扱い方なんか，あれは学校では教えませんけれど，アンプを扱うのがじょうずな人が「すべての人にアンプの扱い方を教える」というようなことをいいだしたとき，これは警戒を要すると思うのです。なぜすべての人にアンプを扱わせるのか。すべての人にアンプを扱わせようというときには「アンプを扱うことのうまい人を尊敬すべきである」ということを教えようという魂胆(こんたん)があるのではないか，と疑うわけです。

　じつは，科学を教えるときにもそういうところがすごくあります。「科学というのは君たちにはわからないだろう。それがわかっている人はえらいだろう。もう少し尊敬したらどうだ」というようなところがある。どうも理科系の人には，そういうにおいのプンプンするところがたくさんあるように思うんです。「わかんないだろう。だから，わかった人間には月給をたくさん払うべきだ」といわんばかりのところが。

ただ困るのは，この世の中ではだれとだれがどういう組み合わせになるかわからないから，およそ電気に弱い人，機械に弱い人ばかり集まった学校なんかができたりしますね。そうすると，だれもアンプが扱えなくて「困ったな，困ったな」ということにもなりかねない。だけどそういうときでも，だれかが「あんた若いんだからやりなさいよ」ということになって，おそるおそる手を出したりします。そうするとたいがいできるようになってしまいますね。**慣れることですむことは**，だいたいできます。しかし，それまでに，スイッチが入ってないだけなのに「どこがこわれたのかわからない」と大さわぎしたりして，ばかげたことも起こりえます。だから，そういうことの起こらないための教育ということは問題ですね。でも，それ以上のことは，**みんなに教えておくことはない**といえます。

私は，世の中には「だれかがやればいいこと」と「すべての人がやらないといけないこと」とが，はっきりしていると思うのです。昔は，すべての人がやらなければならないことは，初等教育，義務教育でやった。だれかがやればいいことについては，エリート教育，専門教育でやりました。「エリートになるためには英語を知っている必要がある」「エリートになるためには数学の2次方程式ぐらい知っている必要がある」「微分方程式も知っている必要がある」ということになっていました。昔は，エリートになるためには，頭がいいという条件の他に，親の経済的条件がいいということが，すごくあった。だから，勉強できない，上級学校に行かなかったというのは，「おれがばかだからじゃなくて，家の経済状態が苦しくて大学に行けなかったからだ」といえる状況がありました。

私など，旧制だったら「大学など行けなくて専門学校どまりだ」と思っていたし，新教育制度になって大学に行っても，違和感があってしょうがなかったのですが，それは私がバカだからでなしに，私の家庭の経済状態がそうだったからです。

そういうわけですから，昔は学校の勉強ができないときにも，「それは私が悪いのではない，親の経済状態が悪いからだ」「親が貧乏なのは政府が悪いからだ」ということになって，自分を責めなくてすみました。ところが，今みたいに経済状態があまりちがわなくなって，同じことを勉強させられ，

競争させられると,「おまえは, おまえ自身で落伍したんだよ」と思うように仕向けられますね。これはすごくおそろしいことだと思うのです。だれかがやればいいことについて,「エリートに負けるな」ということで全部が勉強するのはいいのかどうか, 私は疑問を提起したいのです。

　日本に外国人がどんどん入ってきて, 英語をしゃべらなければならないといったら, 全部の人が勉強する必要がありますね。しかしそうでないなら, たとえば, ある子どもは朝鮮語を勉強し, ある子どもはマレー語を勉強したりするようにするとよいのではないでしょうか。お客さんが朝鮮の人なら朝鮮語をしゃべる人が必要です。お客さんがマレーから来た人ならマレー語をしゃべる。お客さんがドイツ人だったらドイツ語をしゃべる, そういう人がほしいわけですよ, ほんとうは。ところが, 今だったら, みんないいかげんに英語がしゃべれないという状況です。だれもしゃべれない。小学校にアメリカ人がたずねてきて会話が必要になったときだって, だれがしゃべれるのかわからない。中学校では専科の英語の先生がいるけれど, 小学校ではだれがしゃべれるかわからないでしょ。みんな大学を出ていて英語をしゃべれることになっているんですけど, だれも出てこないでしょ。それが, 英語を勉強したのは5人だとか, 朝鮮語が3人だとかであれば, 5人の中から選べばいいわけです。

　このへんのところ,「だれかが勉強すればいい」ことと「すべての人がやらなければならない」こととの教育内容の改変を急げ, というのが私の考えです。「そうしないと教科論が組めないのではないか」というのです。「だれかがやればよい」ことについて, すべてに教えることは, 競争させて「できないということを証明するために教えている」ことになってしまう。また,「競争させて脱落させることが目標」ということになってしまう。じっさいそんな意地悪なことを考えている人がいるかどうかは知りませんが, いまの教育が結果論的にそうなっていることはたしかでしょう。

実用的価値と哲学的価値

　ところで,「すべての人が」というときには,「実用的にすべての人が」というのと,「哲学的にすべての人が」というのがあって, そこには生き方

たいなものが関係してきます。

　微積分なんて，みなさんは生活の中では絶対使わないでしょ。中学校の理科の先生でも使わない。高等学校になると，ちょっと使いますね。それなのに，なぜ微積分をやらなければいけないか，そして，それができないといってなぜ差別されなければならないのか。不思議ですね。私は，みんなにもし微積分をやらせるのだとしたら，微積分のすばらしさということがわかるような哲学を教えてほしい。それなら，教育として意味があると思うのです。自然科学の教育なんて，ほとんどそうです。

　哲学的なすばらしさというのは，「だれかがすばらしい」というのじゃなくて，自分にとってすばらしいかどうかが問題です。これは自己評価すべきものです。たとえば「微分積分なんていうのは，みごとなもんだなあ。人間というものは，あんなもの考えてね，うまく操作できるものだ。おれはそんなことを実用に使う職人になるわけじゃないけど，みごとにできるんだな」といったことが，計算問題を少しやったことで感じられるようになればいいわけです。つまり，「人間のすばらしさ」あるいは「自分はこういうことができる」というすばらしさ，そういう感覚が獲得できればいいわけです。ですから，そういう職業的に微積分を使わない人間は，「ばかだから微積分を使えない」のでなくて「非専門家だから使わないのだ」という自己評価のできるように教育してやる必要があるわけです。

　そうだとすると，そういう場合の評価の基準は何に求めたらよいのでしょうか。「あなたは微積分の勉強でたのしい思いをしましたか」「何をたのしいと思いましたか」と評価したときに，「美しいと思った」とか「すばらしいと思った」とか，そういう感覚を子どもたちが獲得できれば，それは教師にとって授業がうまくいったということができるでしょう。ところが，実際は「私にはできない」「やっぱり理科には不向きだ」ということがわかるために，長い間微積分を習わせるようなしくみになっている。じつに非生産的なことだと思うんです。

　さて，それなら仮説実験授業はどちらの教育をしようとしているのか。だれかがやればいいことか，それともすべての人がやらなければならないことか，どっちなのでしょうか。

私は，知識的には「だれかがやればいい」ことを教えているのだと思うのです。しかし，たとえば〈宇宙への道〉の授業をやると，「人間ってちっぽけなものだなあ。宇宙とくらべたらすごく小さいもんだな。そんなものが地球の上でけんかして，ばかばかしい」と一方では思い，他方では「そのちっぽけな人間が，そんなに広い宇宙がわかっちゃったんだな。なんて人間てえらいもんだろう」しかも「その人間の一人はおれだな，やっぱりおれは利口だな」と思ったりします。こういう自信，これは，できればすべての人に与えたいと思うのです。

　哲学というのは，自分自身のものになったら意味があるのですね。「フィロソフィーとは知を愛することなり」と哲学で教わりました。しかし，あんなの知ったってしょうがないですね。それより「愛知県とは何と哲学的な県であるか」というふうな発想ができる人間の方がおもしろい，と私は思っているんです。「だれが愛知県なんて名前をつけたんだろう」とね。愛知県の人にきいても全然わからないようですね。いままでの哲学の教育ではそういうことはとりあげてないようですから。それで，「哲学というのはフィロソフィー，愛知ということなんだ」という知識は，それを覚えている人間が覚えてない人間に対していばるための知識，差をつけるための知識でしかなかったわけなんです。私は，「哲学というのは自分自身が納得したもの，だから，十分に本人が自己評価できるようなものだ」と思うのです。私はそういうことを教えたいと思うのです。

知らなくてもよいが，知っていると楽しいこと

　仮説実験授業で教えているようなことは，今のおとなに教えたってだいたいできません。だいたいできなくたって，ちゃんと人間はつとまるし，教師にもなっている。教育研究所の所員だって勤まる。「それを知らなければ人間失格だ」というのは，すごくおかしいことです。すべての人が知らなければならないということはいえないはずですね。ところが，〈宇宙への道〉を勉強して「すばらしいな，よかったな」という子どもがたくさんいるとすれば，教師は「そういう子どもを一人でもふやしたい」と思います。かといって「そうならなかったら人間として失格だ」とおどかしてはならないですね。

教師が「こうしたい」と思ったとき，できなかった子どもがいたとしても，これは人間のくずになるわけではありません。ふつうの人間であるだけなんですね。うまく教育にのってきた人間は「すばらしい人間」といえるかもしれない，それだけのことなんです。こう考えると評価の仕方も当然ちがってくるはずでしょう。「おまえは落ちこぼれた」でなく，「おまえはあたりまえだ，わかったやつはすばらしい」と，こう評価すればよいだけです。

　こういうふうな教育を私たちはめざしているのだと，私など思うのです。ある学校では〈光と虫めがね〉をやって，そのあと"錯覚"などで「ああ，人間というものはけっこう錯覚におちいる，すごくごまかされやすいものだなあ。気をつけなければいけないなあ」ということがわかる子どもが出てくる。すると，超能力のテレビなんか見ても「どうも信用できないな」というような子どもにもなる。それもまた生き方として身についていくことになります。しかし，そんな感じ方も一人ひとり全然別々ですね。ある子どもは〈宇宙への道〉が得意であり，ある子どもは〈光と虫めがね〉が大好きである，とかね，そんないろいろな人間がそろっていれば，それでいいわけです。だいたい学習意欲なんて，ほかの人間ができないから起こることが多いわけです。自分もできないから学習する気になるんですけど，自分だけできなかったらいやですね。

　仮説実験授業では「予想のはずれたときのうれしさ」というのがあります。それは「自分の予想のはずれたうれしさ」であると同時に「みんながはずれたよろこび」です。ということはまた，「自分が勉強すれば，勉強しただけのことがある」「ほかの人の知らないことをおれは知った」ことになるわけです。そういうことは，うちに帰って，とうちゃん，かあちゃんにやらしてもできないことが多いのです。そこで，俗な言葉でいえば「とうちゃんやかあちゃんをいじめて優越感にひたるよろこび」を味わうわけです。しかしこれを逆にいえば「とうちゃん，かあちゃんにもよろこんでもらえる。そして，いざとなったときは，みんなが知らないのだから，おれが社会に奉仕できる」ということになるわけです。

　私は「日本国中で〈光と虫めがね〉をやってほしい」とか「やらないのは人間失格だ」とは思いません。たとえば「日本国中の5分の1がやればい

いじゃないか。〈宇宙への道〉も 3 分の 1 がやればいいじゃないか」などと思うのです。ただ，「科学というもののすばらしさ，科学をわかる自分のすばらしさというものは，すべての人にわかってほしいな」と思うのです。だから「仮説実験授業のいくつかは，どうしてもやってほしいな」と思うのです。しかし，どの教材をどうしてもやってほしいとは思いません。〈ものとその重さ〉とか〈電池と回路〉のように「できればすべての人が知ってほしいな」と思うような教材がないわけではありませんけれど，そんなにたくさんあるわけではありません。

　評価の基準が「……でなければならない」という形であれば，これはすごくきびしい評価になりますね。たとえば「日本語がしゃべれない」とか「ひらがなが書けない」といったら，やっぱり困るし，「たし算ができない」といったら困りますね。しかし「分数のたし算ができない」というのは困らないと思うのです。私なんか分数のたし算はほぼ絶対にやりません。ですから，分数のたし算ができないために差別されるようになるのはけしからんと思うのです。「分数のたし算ができる変わりものがいる」と考えたらいいのじゃないですか。だいたいからして，分数のたし算やかけ算・わり算など，どうしてもやりたかったら，1/3 だったら計算機で 0.333 と少数に直して計算したらいいですね。原理的にちょっと複雑な式をやるときはそれでは困るのですけど，それはかなり専門職業的な段階です。

　そうはいっても，もちろん「分数のたし算ができるすばらしさ」というのはありますね。分数のたし算をして「みごとだなあ」「おもしろいなあ」と子どもたちが思えるのなら，そのおもしろさは味わってほしいと思うのです。分数のたし算ができなくたって人間失格なんかではない，分数のたし算ができれば数学の可能性についてわかるようになるだけの話であるわけです。分数のわり算とかで「ひっくり返してかけるなんて，へんだなあ」「答えが出るとおもしろいなあ」と思えることがあると，これは教えてもいいですね。

　私は，「教えてもいいではないか」というようなことと「教えなければ人間失格だ」というのと全然ちがうのだ，という観点で，教育を考えなおしたらどうかと思うのです。「教えてもいい」だけなのに，だれかが勝手に「教えなければならない」と思って，そして「できない」といって「落伍だ，落

ちこぼれだ」とののしっていることがあまりにも多いのではないでしょうか。それも、いかにも本人が「わたしは落ちこぼれなのよ」と思うまで、しつようにいいつづけていることが多いように思えてなりません。

4. 絶対評価の基本

合格と不合格の2段階
── 目標がはっきりしていること

絶対評価の基準は、その目標に応じてちがうわけです。一番わかりやすい絶対評価は自動車の運転免許だと思っています。

私は「大学の評価法の先生は自動車学校に内地留学して免許法を勉強すべきだ」といいたいくらいです。どうやって絶対評価をしているのか、私も勉強したいと思います。

「人をひき殺さない、傷つけない、自分を殺さない、自分が困らない」これが目標です。どっかで立往生して「困ったなー」となったら、これは困りますね。これはきわめて目標がはっきりしているわけです。だから、何人免許を出してもいいわけです。ただ、「免許をとっている人が日本中に5人だ」とかいうときは、道はすいているし、衝突する条件が少ない。ところが、その数がすごい数になると、そこらじゅうを走っているわけですから「ひき殺さない条件」「衝突しない条件」とかは、むずかしくなります。人口が増えたり自動車が増えたりすれば、この条件が上がる。だから目標は、抽象的には同じだけど、この抽象的目標を達成するためには、具体的には条件がだんだん高まっていきますね。

ただ、ここでも変なことがあると思うんです。自動車をたくさん売りたい会社がたくさんあるときには、自動車会社がテコを入れて「少しぐらい衝突があったっていいじゃないか。警視庁はもっと絶対評価の点をゆるめよ」とかね、圧力をかけたりしますね。逆に、消費者運動が出てきて、傷ついた人が「あんないいかげんな検定ではだめだ」という圧力をかける。また、自家用車の運転とタクシーの運転とは条件がちがいますね。タクシーは他人を乗せるわけです。自分で乗る人は「自分を傷つけない」という自分自身に

対する責任があって，さらに，自分が乗せる友だち，家族，親戚，そういう自分のよく知っている人たちとの関係があります。ところがタクシーというのは，だれが乗るかわからない。その運転手さんの運転能力が信用できるかどうか，人相を見てもわからない。そうすると，「私たちが安心して乗れるタクシーを社会的に保証しろ」という要求がでてきますね。

　世の中には「よろず自分で評価すべきだ」という人がいます。なだ・いなださんが権力について書いた本（『権威と権力』岩波新書）がありますが，その本でなださんが力説していることもそういうことです。しかし，いくら「なんでも自分自身ですべきだ」といっても，タクシー運転手や医者でだれがよいかということは，私には評価できませんよ。「あそこの病院でうちのとうちゃん殺されたから，あそこへ行かない方がよい」とかいうこともありますけど，一回殺された（？）からといってどこの医者がよいかわからないから，社会的に評価をしてほしいわけです。いくら「評価反対」という人でも，これは否定しないはずです。「タクシーに乗りたい人が運転手を信用して勝手に乗ればいいので，運転能力の検定評価などすべきことではない」「すべての人がタクシーの運転手になれるのが理想の社会だ」といったら，私など乗れなくなってしまいます。

　ところが，世の中には逆に極端な人がいまして，「タクシー運転手といってもいろんな人がいる。うまいやつだってへたなやつだっている。だから特別車と普通車を区別すべきで，命のおしくない人は普通車で，命のおしい人は特別車に乗るようにさせればいい。そのかわり，特別車は料金を2倍払うことにする」と，こういう考え方がありますね。しかし，これは実際やってない。やったら大問題ですよ。命を金で買うようなものですからね。だからこれは絶対評価の2段階評価でやっているんです。運転免許は合格か不合格かですね。「普通車には合格，特別車には不合格」などとしないですね。

　昔は，日本の列車は一等車・二等車・三等車の区別があって，一等車は一番事故の起こりづらいところにつないでありました。今でもグリーン車は事故の一番起こりづらいところに位置しています。でも，これは確率的なもので，あそこは絶対に安全だというのではないですね。船なんかもっとえげ

つなくて，沈没するなど危険なときには「特等船客をまず助ける」と序列まで決まっています。学校でも昔はドライなことがあって，工部大学校という東大工学部の前身の学校では，卒業に，一等卒業・二等卒業・卒業となっていました。最後のは，ただの〈卒業〉なんです。それで一等卒業と二等卒業は工学士になれるんだけど，ただの卒業は工学士になれない。一等卒業はすぐに工学士になれ，二等卒業は執行猶予一年ぐらいでやっと工学士になれた。一等卒業は初任給が65円だけど，二等卒業55円だとかね，そういうふうなことでした。いまどき，そういうことはやりませんね。私たちが学校で序列をつけて，5・4・3・2・1とみんながつけているから問題にならないという人もいますが，タクシーに「金持ちには安全な運転を，貧乏人には命を保証しない運転を」というようなことはしないわけです。それでもすごく気になる人は，「どこかの会社のタクシーよりも，個人タクシーの方がこわくない」とか，統計的に判断しますがね。

　基本的にいって，絶対評価の原理は合格か不合格なんですね。「合格のときに二つに分けない」という思想はきわめて重要だと，私は思うのです。わかったかわからなかったか，ある目標があればその目標自体に満足できるかできないかが問題なんです。

　もし合格でも，「この人は危ないけど乗っていい」というやつは，消費者運動が高まれば「こんな人には運転させるな」ということになります。一時ありましたね，自動車の前に「秀」とか「優」とかつけることが。料理，飲食店にもありました。今でもあるんじゃないですか。自動車ではどうしてやめたのか，どうして起こったのかわかりませんけど，あれでタクシー運転手に安全運転を競争させてやろうということだったんでしょ。そういうふうに，教育界にならってタクシーの運転免許制度が悪くなることはあっても，教育界がタクシー界から学んで悪くなることはあまりないのではないか，と私は思うのです。

　「どれだけの運転の訓練をすると，どういう安全性が確保できるか」というようなことについては，警視庁とかその他の関係者はかなり研究しているはずですね。これは目標が非常にはっきりしているからできるわけです。目標が非常にはっきりしていれば，合格・不合格ですべてがすむんです。し

かし，合格・不合格ですべてがすまないのが学校なんです。その学校も，先にいったように，いろんな角度から序列がつけられるように，競争的な条件があるからだと私は思うのです。

自分のすばらしさがわかる評価
　── できないことがわかってから教える

　私たちは授業をするときに評価をします。評価というと，ふつうは授業の最後に評価するのがあたりまえのように思われていますが，おかしな話です。子どもにとっては，評価が一つの目標になるはずでしょ。自動車学校ではあることを教えるとテストをしますね。それで落第したり受からなかったら，それでおしまいですか。そういう人もいるかもしれないですね，もうあきらめちゃって。しかし，たいがいの人はもう一度試験を受けますね。また受からなかったらもう一回。つまり，合格までくり返すわけでしょ，自動車教習所は。もしもどうしても本人が合格したいなら，それぐらいやりますね。そういうことはあたりまえのことです。

　ところが，学校ではそうではないのですね。「できないことがわかって，それでおしまい」なんです。で，また次の学校で同じことをやって，またできないということがわかって，おしまい。常に，できないことがわかって卒業してしまうでしょ，ある子どもは。これも自動車教習所のまねができないのか。学校を終わるときに，できないと判断されて，「おまえはできなかったなあ」ということをわかって授業が終わったら，悲しいじゃないですか。とすれば，できないということがわかってから教える，ということが重要なのではないでしょうか。

　じつは，仮説実験授業では，そういうことを絶えずしているわけです。いわゆる試験をしなくても，年がら年じゅう試験をやっている形になっているんです。しかもその試験たるや，はじめはできなくたってよくて，どこかでできればいい試験なんです。しかも「どこからできなければならない」ということはわからない試験なんですね。1番目の問題ができたら学校の先生は失業してしまうわけですから，はじめからできたら教師はあわてなければいけない。できないことをたしかめておいて，だんだんとやるわけです。

どこでできるようになったか。ある子どもは1番目の問題でできるようになるかもしれないけど、ある子どもは3番目、ある子どもは4番目かもしれない。それを先生が「おまえは2番目にできたな」「おまえは3番目だな」「おまえは4番目だな」という必要はないわけです。

だいたい、わかればいい。おもしろければいい。とくに、おもしろければいい。おもしろくなるためにはわかった方がいいかもしれないし、わからない方がいいかもしれませんが、何しろおもしろければいい。そうすれば、自分の科学を学ぶよろこび、人間のすばらしさ、自分のすばらしさがわかるのです。

学びたいものを学ぶ
　　── テストされたいことをテストする

仮説実験授業の場合は、こうして授業の途中でいつも評価しているわけですけど、生徒たちは科学の教育として何を教わっているのでしょうか。

知識の問題としては、いわゆる知識ももちろんあります。しかし、その他いろいろありますね。たとえば「真理は多数決で決まらない」といった種類のこと、そうかと思えば、「真理はたいてい優等生が決める」とか、「あいつはだいたい合う」とか、いろんな法則が見つかります。それで「できるやつはできる」とか、「できないやつはできない」とかいう法則もあります。いろんなことを見つけるでしょう。それでおもしろいなと思ったり、「ばかがあたることがある」とか、いろんなことを知る。じつはそういうことで、〈生き方〉というものがわかってゆくわけですよ。

何を勉強したのか、知識については非常にはっきりします。「こういう問題がとけるようにしたい」と思えば、それを解けるようにしたあとで、解けるようにしたかった問題を出せばいいですね。

ところが、「真理は多数決によっては決まらない」ということがわかったかどうか、テストすることは、原理的にできますか。「真理は多数決によって決まらないということがわかりましたか」なんて聞いて、○をつけることにしたところで、これはバカバカしいですね。「真理は多数決によって決まらない」ということは意味深長で、いろんなことを含んでいるわけです。私

たちは，何回「ああ，真理は多数決によって決まらないのだなあ」と思い知らされているかわかりませんね。そのたびに感じる深さがちがうわけです。「やっぱり真理は多数の方にあるんだな」と思うこともたくさんあるわけです。だからそんなのテストにしたって，しょうがないですね。しかし，そういうことは決してばかにならないことではあるわけです。

　知識の方は，テストはできる。しかし，先生が光の実像というものを教えたいと思ったときに「そんなものは，おれはいらない。そんなややこしいことは，おれには関係ない。おれは，光というものは奇妙きてれつなことがおこるということがわかればいい。おれはそれで満足だ」と，そういう子どもがいてもおかしくはない。私の『ぼくらはガリレオ』（岩波書店）の中でも，えみ子という子どもはしばしばそういう発言をするのです。「わたし，わからないわ。わからなくたっていいでしょ」と。

　こういう場合の「わからないわ」という発言には二種類ありますね。「わからないから教えろ」というのと，「〈わからないといかん〉なんていってくれるな」という含みのものとがあります。ある子どもが「光というのは奇妙きてれつなことがおこる。おれはよくわからないけど，そういうことでごまかされないようにしよう」というなら，私は満足です。また，ある子どもは「実像や虚像がどうのこうの」とか「どういうときにどういう像ができて，どうだこうだ」とか，わかっちゃうわけです。そういうのも，もちろんいいですね。

　自分自身の目標によって，知識なんて規定できます。どの目標が正しいのか必ずしもわかりません。だから，どの目標でもいいんですよ。

　私は，テストをするときに，評価は自分でするようなやり方をとりたいと思っています。まえに，評価の仕方についての提案を『仮説実験授業研究』第4集にしました（「テストのやり方についての一つの提案」，『仮説実験授業の研究論と組織論』仮説社に所収）が，授業書〈光と虫めがね〉の最後には，次のような評価の問題をのせることにしました（88ペ）。

〔質問〕
　この〈光と虫めがね〉の授業はこれでおわりです。そこで，授業書

> を見直して，この授業で学んだことをもう一度思い返してみましょう。
> 　あなたは，この授業で，とくにどんなところが印象にのこっていますか。どんな話，どんな問題，どんな実験がおもしろかったですか。
> 　この授業で学んだことのうち，とくにどんなことをおぼえておきたいと思いますか。どんな問題がまちがいなくできるようになっていたいと思いますか。みんなで，おぼえておいたほうがよいこと，まちがいなくできたほうがよいことを出しあって，5題ぐらいの問題にまとめてみましょう。新しい問題を作ってもいいし，前にやった問題と同じでもかまいません。
> 　あなたは，いま，その問題に正しく答えられますか。「自信がない」という人があったら，もう一度実験したり話しあったりして，正しい答えを再確認しておきましょう。
> 　できたら，この次の時間に，いまみんなで出しあった問題を出して，どれだけおぼえているか，どれだけ正しくできるか，テストしてみましょう。

　ふつう，テスト問題というのは，先生がこっそり出すことに決まっていますね。ですから「こんなのはテストでない」といわれるかもしれません。しかし私は自己評価を基準にしたいので，子どもたち自身が「やった方がいい」と思う問題を，テストでもやらせたいと思うのです。

　よく，「ぼくは記憶力は弱いんだけどヤマカンがうまいので，試験がよくできる」という人がいますね。その人自身はどういうつもりでいってるのかよくわかりませんけど，「ヤマカンが当たる」ということはすばらしいことです。ヤマカンが当たるということは，〈何が重要か〉ということがわかるということです。勉強時間が少なくても，何が重要かということをねらって，それを勉強すればいいわけです。

　ただ，世の中にはろくでもない授業がたくさんあるもんだから，へんなヤマカンの当て方があります。どうやるかというと，問題自身の構造を見るより，ふつうは先生の表情を見て「あのときはいかにも出しそうな表情だったから，それでこれが重要だ」とか，そういう人間的関係で当てる。それでも

まあ，重要なことは何かということはわかるはずです。

それはともかく，〈重要なことを当てる〉なんて，そんな重大なことを，ヤマカンを当てるやつだけにやらせるのはもったいないから，「みんなでどこがだいじなのか，どこを覚えておきたいのか，話し合って決めようじゃないか」「決めたら，それを次の日に試験しようじゃないか」「覚えておきたいなら，覚えておくためにやろうではないか」「試験勉強というのは家でやるものだというのはやめて，みんな学校で覚えちゃおうじゃないか」というわけです。

「それだったらみんな100点になってしまうじゃないか」といわれるかもしれません。100点になればいいじゃないですか。なんか，みんな100点になったらいけないみたいですね，学校の先生は。また「そんなのできるのはあたりまえではないか」といわれるかもしれません。しかし，できるのをあたりまえのようにするのが学校ではないですか。実際に「あいうえお」とか，たし算とかひき算とかいうのは，全員ができるようにするんでしょ。そこは先生方もみんな疑わないんだけど，理科の問題だと，全部できればおかしいと思われる。国語などで，あいうえお，50音など，全部書くでしょ。「あした，この中から出すからよく勉強していらっしゃい」というんでしょ。限定されているから，そういう形でできるわけでしょ。理科だっていいじゃないですか。社会科だっていいじゃないですか。

5．いろいろな場面での評価

評価は絶えず行われている

学校の先生は，最後のテストのときに評価したり，ときどきエンマ帳をつけて評価していると思うんですけど，じつは，先生方，いつも絶えず評価しているんですね。

子どもたちに手を上げさせて「きょうはたくさん上がっているな」なんて評価したり，だれか答えると「うん，すばらしい答えだね」とか，「ちょっと考えものだな」とか，一言一言いったりしている。またことばでいわなくても，たいがいうかぬ顔をしたり，なんとなく喜ばしい顔をしたりする。そ

ういう先生の表情・反応を見て，先生の考えていることが，だいたい子どもたちにはわかるんですね。「だれか，ほかに」というと，「あ，あの先生は，今までの答えはちょっと不満だったらしい。今度こういういい方をすれば，先生のお気に入るかもしれない」と考える子どもがいて，そういう答え方をする。そして，先生にうまく対応する子どもが「頭がいい」ということになりますね。

このようにして評価を絶えずしているということは，仮説実験授業をやってみると気がつきます。うっかり何か先生がいうと，場合によってはたいへんなことになることがあります。子どもたちが討論しているときに「うん，なかなかいい意見をいったな」なんていうと，とたんに「先生はアの意見に賛成なんだな」「アが正答だな」ということになりますね。こういうとき，討論の途中でうっかり正答を教えないためには，先生は子どもたちの知恵の働かせかた，おもしろい考え方を，全部評価すればいいんですがね。

感 想 文
── おたがいに評価しあっている内容を知る

ところで，秋田県の学校で参観授業がありまして，〈ものとその重さ〉の中の砂糖を水に溶かす問題をやっていたときのことです。前の時間に食塩を溶かすと食塩の重さだけ増えるというのをやっていたので，大部分の子どもは「砂糖のときも，重さは砂糖の分だけ増える」と答えました。

そのとき「砂糖の分だけは増えない」という意見の子は4人ぐらいでした。ところが討論の途中で4人のうち3人が変更してしまって，1人対全員となってしまったのです。私，そういう授業を見たことがあるんです。そのとき，とくに女の子なんかとても強く意見をいいましてね，「あんた！ 砂糖が溶けるんでしょ，砂糖があるんでしょ，だから砂糖の重さがかかるにきまってるじゃないの，砂糖はどうしたの！」と責めたてる。すると，そのただ一人の子は，「砂糖は甘さになったんだ」とポツリというだけなんです。「甘さになったって，甘さにも重さがあるんでしょ」とたたみかける。するとその子は「甘さは甘さだもん」というだけなんです。なかには「あんたはどうして予想をかえないの！ たくさんの人が見ているというのに，はずか

しくないの！」なんていう女の子もいるんですからね。

　その子はワイワイみんなにいじめられたのですが，最後まで予想を変えないんです。ところが最後に実験やると，負けちゃうわけでしょ。そのとき勝てばすごくかっこいいわけですが，実際には議論で負けて，実験で負けて，すごくかっこ悪いわけです。その子は実験が終わると眼にいっぱい涙をためているんです。

　そんなときに，ほかの子どもはどう思っているのでしょうか。じつは，「あいつはばかだな，早く変えちゃえばいいのに」と思っていると同時に「あいつは見上げたものだな。よく一人でがんばったな」と思っているわけです。二つの心が同居しているわけです。こういうとき，たいがいの人間は，「私は心のやさしい人間だから，あの子の心がわかるのは私ぐらいしかいないらしい」と思っているわけですね。

　そこで，こういう授業のとき，「いまの授業について，ちょっと感想文を書いてくれない？」といって書いてもらうと，たいていおもしろいことになります。「あいつはばかだ。前にやったことを使って，予想を変えればいいのに」と書く子がちょっとはいても，たいていの子どもは「あの子はすばらしい。ぼくだったらあそこまでがんばれない。みんなの前で，たくさんの参観の人の前で，自分の意見を貫き通すのはえらい。やっぱり私はあの子のように，自分がわからないときはわからないと，いいはれる人間になりたい」と，ほとんどすべての子どもが書きます。しかも「そういうことを書くのは自分だけ」と思っていたりするわけですね。みんな孤立感をいだいているんです。

　だから，こんな授業があったとき，その気持ちの連帯感が教師にあったとして，しかも子どもたちが全然ばらばらであるということが察せられたら，そこで感想文を書かせてほしいですね。

　全員が当たった場合の感想，全員がはずれた場合の感想，少数派が当たった場合の感想，多数派が当たって，あたりまえになった場合の感想，「なんだ，やさしいじゃないか，実験しなくたってわかってらい」となったときの感想など，それぞれの気持ちのあったときに，その感想文を書いてもらう。そして，これをできれば印刷かなにかしてみんなに返す。これはすごく大き

な意味のあることだと思いますね。子どもたちの心というものが、どういう連帯性をもっているのか、どれだけみんな同じなのか、ということがわかると思うのです。こういう評価をすることによってはじめて、個々ばらばらで孤立感をもっている人たちに連帯感をもたせることができると思うのです。

　最近、そういう、ある1時間の感想文、ある討論の感想というのは、私見ることが少ないのですけど、そういうのを書かせてみてほしい。全体的な感想より、その方がある意味では白熱していておもしろいと思います。私の書いた『未来の科学教育』(国土社)という本の最後に、1時間の授業のくわしい記録と、それに対する子どもたちの感想文がのっています。そういうのを公開すると、心と心のつながりができて、評価の仕方というのがわかってくると思うのです。

孤立して孤立しない論理
　　—— 自信をもって生きるために

　これと同じことが、おとなのみなさんの生きている過程にもあるのではないでしょうか。たとえば学校の職員室で議論をします。そして孤立することもあるでしょう。そのとき、だれも支持してくれなくても、孤立している人間を尊敬している人もたくさんいることを知っているか知らないかで、思ったことをひるむことなく議論できるかできないか、ちがってきます。多くの人はそういう経験をしたことがないから、孤立したときにはほんとうに孤立してしまう。孤立していると思いこんでしまうわけです。

　私は研究所や科学教育界で、ある意味では完全に孤立しているかもしれないですけれど、しかし私が孤立して議論していても、必ずや私を支持してくれる人がたくさんいることを信じています。

　「なんでそんなこと信じられるんだ」とおっしゃるかもしれません。なぜでしょうね。私は、人間というものは、みんな私と同じようなものだと思うのです。だから、たとえ私が孤立しても私は私なりに主義主張を通す。「おまえはへそ曲がりだ」「おまえはへりくつばかりいっている」といわれても、そういっている当の人たちが、他面ではまたちがう評価をしていて、私を高く評価もしてくれている、ということが、ぼくにはわかる気がするのです。

だから，ひどい孤立感をもたずにすむのです。そういうことがそれぞれの人間にできれば，もっと生き方が豊かにならないでしょうか。「敵ながらあっぱれ」とみんなからいわれるような生き方もできるわけでしょ。そういうムードは，生々しい体験からある時間をおいたときスーッと出てくる。そういう体験があったりすると，自分なりに自信をもった生き方をする上でちがってくるわけです。

このような場面というものは，教師の援助があればよりよくわかるようになると思うのです。これは「終末テストが重要だ」とかいうよりはるかに重要な評価活動ではないかと思うのです。

ときには先生がことばでいっちゃうことがありますね。「だれ君はまちがえたけど，だれ君はがんばった。えらい」なんていってね。これでは「先生，気休めにいってくれた」となっちゃうんですよ。「先生はぼくのことかっこ悪いと思って，あんなこといってくれてる」とね。私たちは，「他の人はそういうタテマエの評価，見かけの評価だけしかできないのだ。自分だけが心あたたかい人間だ」などと思っている。そして，その心のあたたかさは他の人間に通用しないなどと思ったりするんです。だからいざとなるとすぐ孤立しちゃうんですね。「みんな，ひとは冷たい。わたしだけがあたたかい。○○ちゃん，あんたとわたししかわからないね」なんていってしまう。しかし，そういうことはないのじゃないですかね。そのことがわかったら，みんなずっと力強く，自信をもった生き方ができるようになると思うのです。

見えない心の動きを見る

3年生ぐらいだと，議論をさせてから「予想変更をしますか」ときくと，「ぜったい変えない」という子がたくさんいるのがふつうです。「だって，変えるなんて卑怯だもん」といってがんばってしまう。「ぼく，まちがっていることわかってるけど，変えないよ」なんてね。奥ゆかしいものです。小さな子どもたちはとくに「予想が当たることはすごくかっこいい」と思っているでしょ。そこでまた，そのかっこよさのために自分が動くということは，とてもかっこ悪いと思うんです。だから予想を変えない。ところが，そんなとき，だれかが大変躊躇した上で「ぼく，アに変える」というとね，とたん

に「ぼくも，ぼくも」とサーッと変えることがあります。つまり，だれかが予想を変えたとき，それがきっかけになって「予想を変えることはそんなにかっこ悪くないな」ということが，とたんにわかってしまうんですね。そういうデリケートな人間の心情があるわけですよ。

　そうかと思うと，1時間中に3回も4回も予想を変えるものがでることもあります。それがかっこ悪かったり，よかったりすることもあるんですね。そういう，いろんな心の動きは，私たちには見えないわけです。自分の予想が当たって，多数派であったか少数派であったかは見えます。しかし，それだって普通の授業では見えないわけです。

　私が，たとえば「ジンタンのあのピカピカは電気を通すか」などといって，みなさんの予想を公開させないで実験してしまうと，「自分だけがまちがった」と思ったりするでしょ。それで，かっこ悪いもんだからニヤニヤとしてね，あとで「わたし，まちがってた」といってくる人がいます。

　ところが実際には，私は「みなさんの意見はこうです。アの意見はこう，電気がつくと思う人は何人」というように予想を集計してしまうもんですから，みなさんは全体のようすを知ることができます。そこで「この問題は自分だけでなく他の人もできない」ということもわかって，あとで家に帰って他の人に同じ問題を出して「あっ」といわせることができるようになります。私たちが仮説実験授業で予想分布を調べるのは，お互いの連帯感，自分自身の評価，他人の評価というのを出すためでもあるのです。評価をして連帯感を養う。そうすると，みんな安心しますね。たとえば，「あのとき，みんなできなかった。私だってできなかったし，ほかの人もできなかった。こういうことはできなくったってはずかしくないんだ。しかし，知るとおもしろい」そこで「だれかにやらせよう」となるわけです。

　こういう心の動きというのは，ふつうには見えないから，出してやる必要がある。そして緊張を緩和してやる。そして，生き方というのを見つけさせることが大切だと思うのです。

　こういうことの評価は，もっとやる必要はないでしょうか。たとえば，A君が孤立してまちがった。しかし，がんばった。見方によっては「あの子はがんこだ」「あの子はがんこかもしれないけど，がんばれる子だ」「あの子は

ばかだ，前の時間のこと，よく聞かなかった。わたしたちのこと，よく聞かなかった」と，いろんなことがあるわけです。すると，おもしろいんですよ，その評価が。感想文を書かせると，「あの子はがんばった」と自分の心根のやさしいことをいうのが出るかと思うと，ひねくれたのがいて「みんなはそんなにしてあの子を持ちあげるけど，そんなに甘やかしてはいけない。あの子はみんなのいうことを前の時間によく聞いていないからいけない。やっぱり授業は聞かなきゃいけないよ」とね，いろんなことが出てきます。

　そんな複雑な感情をもっているのが私たち人間なんです。どれがいいということは，簡単に決められない。しかし，多面的な考え方ができるということは，生きていく上でだいじなことであろうと思います。ある段階には，まちがった子どもをばかにする能力も大事かもしれませんね。だから，私たちはいろんな経験をつませたいと思います。そして，「子どもたちがいろんな意味で感動を味わう，生活を豊かにできる」ということを助けたいと思うのです。そういう全体を複合した意味で「ぼくは仮説実験授業が好きだ」，あるいは「スリルがありすぎていやだ」という子どもができれば，私は大成功だと思うわけです。そういうことになれば，教師としていいじゃないですか。だから，「5段階評価をつけなければならないので，どうすればよいでしょうか」といわれても，「それは適当にやりなさい」と私はいわざるを得ないんです。

態度や探究心
　　── 大切だからこそ評価してはいけない

　ただ，ぼくは「へたに心根の評価はしないでほしい」と思います。態度は評価しないでほしいのです。

　「知識ばかり評価すると知識中心の子どもができてしまう。だから態度を評価してやりたい」という気持ちをもたれる先生がたくさんいますね。そういう先生方の気持ちは，私にもわかるんです。わかるからこそ，私はやめてほしいと思うんです。

　知識ならば点をつけてもかまわない。それは人格に点をつけることではないからです。しかし「心根がやさしい，やさしくない」などと点をつけても

いいものか,「態度がいい,悪い」で点をつけてもいいものかどうか。私は気になりますね。ただ,先生方が,ある子どもが好きになる,そして態度に出してしまったりすることがありますね。それは無理におさえる必要はないと思うのですけど,「それを点にしなかったらかわいそうだ。それを態度ごと評価してやることが,その子をはげます道である」というふうには,私にはどうも考えられないのです。心根や態度などというものは,そんなに安っぽいものでない,と考えてほしいのです。評価をするなら,先生が「そういうのが好きだ」「そういう子どもたちが好きだ」ということで十分ではないか,と思うのです。「それは,たんに知識を覚えて1・2・3・4・5とつけられるような"もの"と並べられるような下賤なものではない」というふうに考えてほしい。

　ところが困ったことに,「知識ばかりではいけない,態度も評価しなくてはいけない,科学的探究心も評価しないといかん」といって評価したがる人がいるんです。その気持ちはわかるんですが,そういうことをやったらいったいどうなりますか。それは,先生の好みに合わせることになってしまう。

　知識は,真理かどうかきわめてはっきりしている。しかし,生き方については,それが真理であるか,先生の好みに合ってることがいいのか,ほんとうにわからないですよ。私は,私の生き方が正しいと思っています。まちがっていると思うこともありますが,おおかたは私の生き方が正しいと思って,私なりに人間を評価します。それは,しかたのないことだと思うんです。だけど,それを「これが真理だ」とおしつける立場から評価してほしくない。だから「評価がだいじだ」というのは,**評価は「ある意味でくだらない」ということを含んだ上でだいじなんだ**ととらえてほしい,と思うんです。

　知識というものは,覚えているかどうかで評価できるし,場合によってはしなくてはいけない。たし算ができるようになったか,ひらがなが読み書きできるようになったか,あるやさしい漢字が読めるようになったか,書けるようになったか,ということは,冷酷に評価してもかまわない。客観的な事実は評価しても,だれもびくともしませんよ。極端な人は,かけっこで競争させると「差別だ」という人がいます。しかし,それは負けたのは負けたんですよ。冷厳なる事実だから「おまえは5等だ」といったって,だれも泣き

はしない。5等は5等なんです。「お前は1000m泳げる」「おまえは泳げない」「おまえは10mしか泳げない」これでショックを受ける子どもはいないですよ。事実なんですから。

ところが，態度とか科学的研究心とか，評価されたら，これはショックですよ。

子どもたちは，いろんな評価をします。たとえば，くだらない授業でさわぐ子どもは，英雄なのかケシカランやつなのか，わからないでしょ。時と場合によってちがうんです。くだらない授業でさわげる子どもは，英雄になることもあるし，けしからんやつになることもある。それも，いつも安定しない。それでいいんじゃないですかね。だから，「**だいじなことは評価しない**」ということを考えてほしいと思うのです。

〔1975年10月26日，仮説実験授業入門講座（大阪・四条畷学園小学校にて）での講演。西村寿雄さんが記録・編集したもの（ガリ本，関西ゲジゲジサークル編『仮説』第22集，1976年2月，掲載）をもとに，筆者が加筆〕

〔付記〕

私が評価論に関して書いた文章には，次のものがあります。参考にしていただければ幸いです。

板倉聖宣『教育評価論』仮説社 ── 「先生のつける4種類の成績評価」「評価と学習意欲をめぐって」「私の評価論」，他を収録

「テストのやり方についての一つの提案」『仮説実験授業の研究論と組織論』仮説社

その他，「教育評価」「五段階評価」「相対評価と絶対評価」「ガウス分布と成績分布」（『たのしい授業』第3号，1983年6月号）

第4話

仮説実験授業の理論の多様化
── イメージ検証授業・仮説証明授業・新総合読本・もの作りの授業 ──

はじめに

　この本の初版が出てから20年にもなります。私は何となく「この20年のあいだ，仮説実験授業の理論はほとんど変化してこなかったのではないか」と思っていました。それでも，その間に新しい授業書がたくさん開発されてきたことは間違いありません。それでこの本の改訂作業を始めたのですが，いざその改訂作業を始めたら，その20年の間に仮説実験授業の理論もかなり多様化してきていることに気づかずにはおれませんでした。そして，「本書の初版のままでは，その後の理論的な発展を理解してもらえないかも知れない」と心配になってきました。そこで，ここにその理論的な発展の部分をまとめて書いておきたいと思います。

　じつは，本書の初版が出てから3年後，私はこの本に「最近3年間における研究運動の成果 ── たのしい絵の授業や歴史の授業書など」という文章を書いて，その中に「私たちの研究運動はこの3年の間に，私たち自身が予想もしていなかった方向に急展開してきた」と書いています。それは，いま私が書いたばかりの「この20年のあいだ，仮説実験授業の理論はほとんど変化してこなかったのではないか」という印象と大きく矛盾しているように思えるかも知れませんが，必ずしもそうではありません。そのとき書いた「最近3年間における研究運動の成果」には「たのしい絵の授業や歴史の授業書など」という副題がついていましたが，そのときの研究運動の進展というのは，「まず，仮説実験授業の考え方と軌を一にした〈たのしい絵の授業

法〉が確立して，急速に普及し始めたことにあらわれている」ということで，必ずしも仮説実験授業そのものの理論の進展というわけではなかったからです。

ところがその後，私自身が提唱した「イメージ検証授業」と「仮説証明授業」というものは「仮説実験授業」の理論そのものを豊富に発展させるものでした。また，「〈新総合読本〉運動の提唱」は，「もの作りの授業」とともに，〈たのしい授業〉の思想を豊富にするものでした。つまり，仮説実験授業そのものが多様化してきたのです。そこで，キミ子方式の出現以後の仮説実験授業の理論の展開をみておくことにします。

松本キミ子さんの絵の授業と仮説実験授業

仮説実験授業というのは，もともと「科学のもっとも基礎的な概念や原理的な法則」を教えるものとして生まれたものです。自然科学だけでなく社会の科学も，それが科学である限りは仮説実験授業の考え方がそのまま適用できると考えられていました。しかし，絵や音楽のような芸術教育は仮説実験授業の研究対象とはならない，と考えられていたのです。

もちろん，絵や音楽にだって，その基礎には「遠近法」とか「三原色の理論」とか「音階の理論」「音響学」などというものがあって，科学として扱うことのできるものがないわけではありません。ですから，そういう事柄については仮説実験授業の考え方をそのまま適用することはできると考えられていました。しかし，絵や音楽の授業をまるごと仮説実験授業の研究分野として考えることはありませんでした。むしろ私は，「いわゆる芸術的な事柄は仮説実験授業では扱わない」と，はじめからそれらの問題を避けて通ってきたのです。

ところがその後，松本キミ子さんという美術の先生が私たちの前に現れました。そして，その考え方といい授業の進め方といい，仮説実験授業そっくりの楽しい絵の授業のあることを私たちに教えてくれたのです。これはいったいどういうことでしょう。「仮説実験授業とは無縁であるはずの絵の授業で，仮説実験授業そっくりの授業がおこなわれる」というのは，どういうことなのでしょう。実際，これは私たちにとってもおどろきでした。し

かし，私たちはすぐにそのわけを納得することができました。そのなぞは仮説実験授業の本質にふかく根ざしていたのです。

仮説実験授業とは何であったのか

　仮説実験授業はもともと科学教育の理念として生み出されたものでした。科学の教育では「〈伝統の受けつぎ〉と〈創造性の発揮〉という**相矛盾するかに見える二つの側面の教育**をいかに調和解決したらよいか」という根本問題があります。

　〈伝統の受けつぎ〉の方ばかりを重要視して，科学者の研究成果ばかり能率的に教えこもうとすると，その授業はオシツケになり，〈出来る〉ようにはなっても〈たのしい〉ものにはなりません。そうかといって〈創造性の発揮〉ばかりを唱えて，子どもたちに「自分で考えなさい」「自分でやってみなさい」とばかりいうと，はじめのうちは「たのしい」ように思えても，じつはどう考えをすすめていいのかも分からず途方にくれてしまうようになります。私たちは先人たちの築き上げてきた**科学の伝統を学んではじめて**ものごとを考える道筋を立てることができ，それで**はじめて自由な考えを発展させることができる**ようになるのです。

　それならどうしたらよいのでしょうか，〈先人にしたがって考えること〉と〈自分勝手に考えること〉とをどう調和していったらよいのでしょうか。仮説実験授業はそれを「授業書とそれにもとづく独特な授業運営法」によってはじめて見事に解決することに成功した，と私は考えています。

　これまで，科学教育というものが本来もっているこの矛盾を十分に意識化した人はごく少数でした。ですから，仮説実験授業ははじめから正反対の批判をあびせかけられることになりました。すなわち，その一つは「仮説実験授業は，授業書によって生徒が考えるべき問題をきめてしまっているのはけしからん。これはおしつけそのものだ」といった批判です。これは「教育はもっと自由であるべきだ」という考え方にもとづくものです。

　ところが，その一方ではまた，「仮説実験授業は〈討論の段階で教師が指導的な発言をして生徒の考えを正しい方に導くことをしてはいけない〉というが，それでは教育したことにならず，自由放任もいいところだ」という批

判も現れたのです。

　一方では「おしつけだ，もっと生徒の自由にさせよ」といい，他方では「放任だ，もっと指導を強化せよ」というのです。ときには同一の人物がその二つの批判を仮説実験授業に投げかけることさえあります。これは「科学教育というものは本来，〈教師の指導性〉と〈子どもの自由な考え〉という基本的な矛盾をどう解決したらよいか，という問題をもっているのだ」ということを自覚していないことにもとづくものということができるでしょう。

　〈教師の指導性〉は度をすぎるとおしつけになり，〈生徒を自由に活動させること〉も度をこすと放任になります。そこで，「〈おしつけ〉にならないように教師の指導性を発揮し，〈放任〉にならないように生徒を自由に活動させるにはどうしたらよいか」ということが，大昔から科学教育の課題となっていたのです。ところが，そのように考えた人びとも結局は，その問題を〈授業の法則の問題〉ととらえることはしませんでした。それらの人々はそれを〈教師の熟練の問題〉に還元してしまったのです。そのためこれを「教育学の永遠の課題」とするより他なかったのです。

　ところが，私たちはこれを〈授業の法則の問題〉としてとらえることに成功しました。そして，とくべつ熟練した教師でなくともこの問題を解決する道をひらいたのでした。つまり，「**科学の研究上でもっともむずかしく，したがって伝承が必要なのは〈いい問題を見出すこと〉で，これは自然発生的にできるようにはならない**」ということの認識から，「一連の問題群を授業書の形で提出し，あとは生徒の自由な討議と実験にまかせる」という解決法が生まれたというわけです。

　仮説実験授業の授業書と授業運営法の中には，この他にも，教育における「指導（おしつけ）と自由（放任）」の矛盾を解決するために工夫されているところが少なくありません。この種の問題については，私自身が1977年の『仮説実験授業研究』に発表した論文「仮説実験授業の形成と論理」（板倉聖宣著『仮説実験授業の研究論と組織論』仮説社，所収）をごらんください。

　さて，仮説実験授業というものの本質をこのように広く一般的にとらえなおしてみると，じつは仮説実験授業が解決しようとしたもの（または解決

したもの）は決して科学の教育だけのものでないことがわかります。「**指導（おしつけ）と自由（放任）との矛盾**」というのは，何も科学の教育だけに見られるものでなく，**すべての教育活動，すべての授業に見られる**ことだからです。つまり，仮説実験授業というものをこのような視点からとらえると，その考え方は科学の教育だけでなく芸術の教育にも適用しうることになるわけです。

　そのような考え方は，私たちの間でもずいぶん早くから，なかば自覚されていました。ある人びとは好んで「仮説実験授業というのは一つの思想だ」といいましたが，それはこのことをさしていたのだとも考えることができます。実際，そういう自覚があったればこそ，私たちは松本キミ子さんの絵の授業の中に「仮説実験授業と同じもの」を発見することができたのです。

〈キミ子方式〉の絵の授業の特長

　それでは，いったい私たちが見出したという松本キミ子さんの絵の授業というのは，どんなもので，どのように仮説実験授業そっくりなのでしょうか。

　松本キミ子さんの絵の授業は仮説実験授業と同じように，〈授業の法則性の確認〉からはじまります。彼女はその処女作に『絵のかけない子は私の教師』（仮説社）という表題をつけていますが，この表題はその核心を見事に示しています。私はこれまでしばしば「科学はだれにでも納得のいくようにできている。みんなに分からないようなものは科学ではない」といってきましたが，松本キミ子さんは同じことを「絵の描けない子は私の教師」という言葉で表現したのです。キミ子さんは「絵はだれにでもたのしく描けるものだ」と確信し，それを実践的に裏付けることができたのです。そして「もしも絵の描けない子どもがいたら，その子に，どうして描けないのか教わろう。そして絵の描き方を研究しよう」と考えて実践を重ね，ますます「絵はだれにでもたのしく描けるものだ」という確信を深めることができたのです。

　松本さんはもともと彫刻家で，家計を補うために産休補助教諭となって，いろいろな学校をわたり歩きました。そしてそこに絵の描けない子どもたちをたくさん発見し，その子たちがどうして絵が描けないのかを教わってきた

といいます。松本さんはすぐれた絵の教師で，とても魅力的な個性の持ち主です。「こんな先生に出会ったらどんな子どもだって絵を描くのが好きになってしまうのは不思議ではないだろう」とも思えます。しかし，ここで重要なのは，松本さんは持ち前の個性と才能と熱意だけで子どもたちを指導してきたのではないことです。松本さんは「なぜ子どもたちは絵が描けないのか」という問題を**名人芸的に解決するのではなく，法則的に解決して**きたのです。

　松本キミ子さんは絵の具で絵を描かせるとき，はじめに構図をとらせません。写生しようとするものの輪郭線も描かせません。これはある意味で自由の剥奪です。束縛です。しかし，それで絵をたのしくうまく描けるようになるのなら，これは立派な教育的指導です。最初に構図をとらせないととくに困るのは，描こうとするものが画用紙の中にうまくおさまらなくなることです。そこで松本さんは，おどろくべき解決法を見出しました。「絵が画用紙の中にうまくおさまらなければ，画用紙をつけ足したり，紙を切ったりすればいいではないか」というのです。「紙にあわせて絵を描くのではなく，自分の描いていく絵にあわせて紙の大きさを調節すればいい」というのです。ですから，子どもたちは紙の大きさを気にせずに自由に絵を描くことができます。大胆な発想です。こんなところも仮説実験授業と同じものがあるといえるでしょう。

　松本さんは，赤・青・黄の三原色と白の絵の具だけを配合して絵を描くことを要求します。これは自由に対する大きな干渉です。けれども，これでもってはじめて，写生しようとするものの色感をはっきりとらえることができるようになるのです。これではじめて，ものを自分の目と腕で本当にとらえるようになるのです。これは立派な教育的指導です。

　それだけではありません。松本さんは，たとえばモヤシを描かせるとき，その描く順序まで教えます。モヤシはその成長の順序 ─ つまり，まず根本から根の先の方に筆をはこび，次に根本から上の方に茎と葉を描いていくように指導するのです。私たち素人は「絵なんかどこから描いても同じだ」とか「下から上へ筆を運ぶのは描きにくいからおかしい」とか思ったりします。ところが，松本さんの指示どおり描くと，きっとうまく描けるから

不思議です。描く順序にも法則性があるのです。私たちはそういうことを教えてもらわずに,「自由に描け」「思ったとおりに描け」といわれてきたので,思ったとおりにも描けず,それで結局描くのがいやになってきたのです。

そのほか松本さんは,はじめは点の集まりで構成されているものから描かせ,ついで線・面・立体と教えていく指導の順序や,堅いものや水っぽいものの描き方,特徴のとらえ方など,教え方のカン所となることを私たちに教えてくれています。

キミ子方式の絵の授業は,はじめは松本キミ子さん一人のものでした。ところが,私たち仮説実験授業研究会の人々がその絵の授業法を教わって,すべての子どもたちに見事な絵を描かせるのに成功したのです。キミ子方式の絵の授業はいまでは仮説実験授業研究会とは別に大きく発展していますが,当時,理科の授業の研究会と思われていた仮説実験授業研究会の人びとが,理科の授業やホームルームの時間の中でキミ子方式の授業を行うという非常識なことまでやって,はじめてキミ子方式の素晴らしさを証明していったのです。

「仮説実験授業をやっている人びとがなぜいち早くキミ子方式を高く評価してその実践に踏み切りえたのか」といえば,私たちの授業についての考え方とキミ子方式の授業についての考え方が本質的には同じであることに気づいたからなのです。絵の授業などと全く関係もないはずの仮説実験授業研究会が,このように大きな仕事ができたことは,私は大いに誇ってよいことだと思っています。

松本キミ子さんは「うまいでしょう!」を合い言葉にしたり,子どもの絵をほめる目のつけどころなど,「仮説実験授業の授業運営法」にも当る「授業の進め方の工夫」をたくさん生み出しています。私にはそのどれをみても仮説実験授業そっくりに思われるのですが,どうでしょうか。

松本キミ子さんの絵の授業を仮説実験授業研究会の人びとに紹介し,それを最初に広めるのに力を注いだのは私自身なのですが,これによって,仮説実験授業研究会の幅が一挙に拡大することになったのは,私も必ずしも予期しえなかったことでした。

『たのしい授業』の創刊と仮説実験授業

　もともと理科の授業だけが中心だった私たちが『たのしい授業』という雑誌の創刊に踏み切ることが出来たのは，「キミ子方式の成立」と深い関係があります。そのことは，『たのしい授業』の創刊号から松本キミ子さんの「教室のさびしい貴族たち」という連載が始まっていることを見ても分かります。そして，その頃の私は社会の科学の研究に全力を投球しはじめていました。そこで『たのしい授業』のNo.13＝1984年4月号から，私の「いたずら博士の〈歴史の見方考え方〉」の連載を始めています。

　社会の科学に関する授業書の作成は，仮説実験授業が提唱された当初から計画されていたことです。ですから，絵の授業とちがって予期しえないことではありませんでした。しかし，どの授業書の場合でもたいていそういえるのですが，できてみるとやはり「突然できた」という感じがします。というのは，授業書の根幹となるような（人びとの意表をつくような）問題構成の着想が生まれるためには偶然を待つより仕方がない，という側面が少なくないからです。しかし，この授業書の作成作業の展開は，その**「偶然の着想」が生ずる偶然の機会を人為的にふやすことは可能だ**ということをはっきりと示すことにもなりました。

　じつは，この授業書の出来る少し前，私たちは「もしかすると日本歴史の授業書を生み出せるかも知れないから，フリートーキングをしよう」というので，少人数での合宿研究会を開いていたのです。その当時は私自身も，「その討議をもとにして授業書が実際に作られるようになるかどうか」まったく自信がありませんでした。私たちはただ「数年後ないし10数年後にはまとまるかも知れない」というので話し合うことにしたのです。ところが，そのときの討議がもとになって，急速に日本歴史の授業書がまとまることになったのです。

　〈日本歴史入門〉の授業書はいわゆる経済史中心で固有名詞がほとんどでてきませんが，それだけでなく，これまでの歴史の教科書とはその構成そのものから大きくちがっています。江戸時代中期からはじめて現代に至り，それから近世初期（江戸時代前期）にもどり，江戸時代末期に至るという構成をとっているからです。このような構成をとったのは，この授業書のねら

いがふつうの歴史教科書の漠然としたねらいとちがって,「時代区分の意味を教える」というシャープなものになっているからです。「物事を歴史的に見る」とは, まず「時代区分を座標にして歴史事象を整理してみる」といってもよいでしょう。そこでその点に焦点をあてたため, ふつうの歴史教科書とはまったくちがう構成の授業書が作られることになったというわけです。なお, この授業書の構成は, 授業書〈花と実〉を「花が咲き実がなる季節の順序」によらないで構成したことを頭に入れてできあがったものです。

ところで, この授業書ができたあと,「歴史とおかね」という授業書式読み物が作成されています（後に, 板倉著『おかねと社会』, 仮説社）。「経済法則と政治」つまりは「経済法則をめぐる支配者と民衆との歴史」といったことをテーマにしたもので,〈日本歴史入門〉よりもこの方がさらに好評のようです。またそれに触発されて,『生類憐みの令 ― 道徳と政治』（仮説社）と『禁酒法と民主主義 ― 道徳と政治と社会』（仮説社）という授業書式読み物を作ることに成功しました。この二つの授業書は, その副題を見ても一連の趣旨のものであることが明らかですが, これではじめて「道徳と政治」というもっとも教えにくい分野の授業書を作ることができたわけです。

これらの授業書をみれば,「授業書というものはどのようにして作られるか, 授業書を作るためにはどんな頭の切り替えが必要か」ということが分かってもらえると思います。そんなこともあって私は, しばらくの間, 社会の科学に関する研究に没頭することになったのでした。そしてその結果,『歴史の見方考え方』（仮説社）や『日本史再発見』（朝日新聞社）という本をまとめることができたのです。

イメージ検証授業と仮説実験授業

このようにして, 社会の科学に関する授業書がつぎつぎと出来てくると, たとえば『日本歴史入門』の対象としている知識が「〈社会の科学〉上の〈もっとも基礎的な概念〉や〈原理的な法則〉」と呼べるようなものであるかどうか, ということが問題になってきます。じつは,「歴史の研究」というのは「科学」と呼びうるかというと, 大いに疑問なのです。結局のところ, 私は「歴史学そのものは科学とは言えない」と思います。ふつうよく

「〈歴史〉というのは繰り返しのきかない一回きりの現象である」などと言われます。ところが，科学というのは一回限りの現象を対象とすることが出来ないのです。一回限りの現象では，同じことを繰り返して発生させることができません。授業書の作成研究が科学になりうるのは，それがクラスの個性を越えた授業の法則性を問題にしているからです。

歴史そのものは科学ではなくても，経済学は科学になりえます。経済の法則というのは繰り返し生ずる現象をもとにして明らかにしうるからです。だから，『日本歴史入門』よりも『おかねと社会』のほうが，自然科学好きの人に好まれることになるわけです。〈お金の法則〉はただの歴史とは違って，繰り返し生ずることを確かめられるからです。

それなら，歴史は科学的な研究対象とはならないのでしょうか。歴史学でも，〈唯物史観〉などといって「社会は原始共産社会→奴隷制社会→農奴制社会→資本主義社会→社会主義社会と順次に発展していく」などと説かれたことがあります。もしもそれが確かなことなら，それこそ〈歴史の法則〉ということができるでしょう。しかし，〈奴隷制社会〉とか〈資本主義社会〉という概念自体があいまいで，世界のいろいろな国々の社会の発展が必ずしもそのように発展していないことは明らかです。私は不用意に「資本主義社会」という言葉を使いたくないのですが，ソ連・東欧の「社会主義社会」が崩壊して，いわゆる「資本主義社会」に「後戻りした」ことはどのように説明されるのでしょう。

もっとも，歴史学は科学とは言えなくとも，そこである種の「学問的な正しさ」が問題になることは明らかです。しかし，その「学問的正しさ」というのは厄介なしろものです。最近の「従軍慰安婦問題」を見ても，その存在を認めるか否かということ自体が党派性の対象となってしまったりします。それは〈従軍慰安婦〉という概念そのものが人によって違うからでもありますが，その概念自体が党派性を帯びるので大変です。そんなに党派性があるものは，学校教育の対象とすることは困難です。そこで私は，一方で歴史教育の具体的な授業書の作成を進めながら，「大部分の人がその正当性をみとめうるような〈歴史教育〉を築くにはどうしたらいいか」という問題を模索してきました。その結果，1982年になって「イメージ検証授業」

というものを提唱するに至りました。

　「イメージ検証授業」というのは「仮説実験授業」と似ています。〈仮説〉を〈イメージ〉に，〈実験〉を〈検証〉に置き換えただけとも言えるのです。科学は法則を明らかにするので，〈こんな法則が成立しそうだ〉という〈もっともらしい法則〉が〈仮説〉と呼ばれるわけです。ところが，歴史学の場合，〈法則の解明〉を目標としないなら，〈仮説〉というものはあり得ないことになります。しかし，歴史学では「時代区分」というものが重要になりますから，「Aの時代はこんな時代でBの時代とは違う」ということはいうわけです。そこには多少とも明確な〈時代のイメージ〉があるわけです。そこで「歴史教育は，正しい〈時代のイメージ〉を教えることを目標とする」ということはできます。そこで，そういう授業を〈イメージ検証授業〉と名付けようというわけです。

　じっさい，多くの人びとがとんでもなく間違った〈時代のイメージ〉をもっていることがあります。たとえば，「江戸時代の農民はアワ・ヒエばかり食べていた」とか「江戸時代は完全に切り捨て御免の社会だった」というイメージはまったく違っています。また，「〈江戸時代の前半の時代イメージ〉をそのまま〈江戸時代の後半の時代イメージ〉にすると全く間違った判断をする」ということも指摘できます。また，「明治維新の前と後とでは〈時代のイメージ〉が全く違った」ということもできます。そういう〈時代のイメージ〉を重視しないと，その時代の主要な傾向とは反する例外的な事柄をさも重要な事実であるかの如く教えることにもなりかねません。

　たとえば，「明治維新後，日本は近代社会となり，四民平等の社会になった」というと，「それでも特殊部落に対する差別は残った」と指摘してやまない人びとがいました。その人びとは明治五年＝1872年のいわゆる「壬申戸籍」の中に「エタ・ヒニンという差別表現が残ったものがある」と指摘したのですが，最近の研究によると明治政府の方針を理解しないごくごく少数の役人にそういう記述をした人がいただけで，時代全体としては被差別部落が解放されたことが明らかになっています。被差別部落の貧困化は，差別廃止が裏目に出たことによることまで明らかになっているのです。〈イメージ検証授業〉という発想は，「**例外的な事実と基本的な事実と**

を混乱させない」ために重要な役割を発揮するのです。

じつは、〈イメージ検証授業〉というのは、歴史や地理の授業だけで問題になるのではありません。自然科学でも、**天文学や地質学はしばしば一回限りの事実を問題にするので、〈イメージ検証授業〉の対象となります**。たとえば〈宇宙への道〉という授業書には、実験がありません。科学者たちの観測結果をそのまま受け入れる形で授業が進むのです。じっさいには、その授業をうける人びとは自分たちのそれまで抱いていた〈宇宙のイメージ〉でもって予想を立てて授業に臨みます。そして、それまでの自分たちの〈宇宙のイメージ〉がとても狭いものであったことを感動的に痛感するようになるのです。その点、〈ウルトラマン〉などテレビの宇宙ものなどは、多くの視聴者に宇宙への関心や知識を高めているようでありながら、宇宙のイメージをとんでもなく狭くしているといっていいでしょう。

じつは、〈もしも原子が見えたなら〉という授業書の場合も同じです。だから、〈宇宙への道〉や〈もしも原子が見えたなら〉の授業は、自然科学の授業であっても、仮説実験授業でなくイメージ検証授業と呼んだほうがいいのです。私ははやくから「授業書〈宇宙への道〉や〈もしも原子が見えたなら〉の授業は正確にいうと仮説実験授業とは呼べない」ということに気づいていたので、歴史の授業書の作成をするとき改めて「〈仮説実験授業〉のほかに〈イメージ検証授業〉という概念が必要だ」と気づくに至ったというわけです。〈イメージ検証授業〉については、その概念をはじめて提唱したときの文章が『仮説実験授業の研究論と組織論』（仮説社）に収録されているので、詳しくは同書を検討してみて下さい。

仮説証明授業と仮説実験授業

「本格的な科学を教える理論である仮説実験授業がそのまま適用できない領域」と言えば、数学の授業も問題になります。科学の場合は、自然科学にしろ社会の科学にしろ、仮説を実験によって確かめる手だてが決定的に重要ですが、数学の場合はふつう「実験」が問題になりません。その代わり「証明」ということが問題になるのです。それなら、数学では仮説実験授業ができないのでしょうか。

たしかに，本格的な仮説実験授業そのものはできません。しかし，今日の小中高等学校で教えている数学の大部分の問題は，自然科学と同じように「仮説→実験」的に研究されてきたと言っていいのです。そこで私は，長いあいだ「算数や数学の授業でも仮説実験授業が適用できるはずだ」と指摘してきました。じつは私はもともと物理学よりも数学のほうが好きだった人間なので，「自然科学や社会の科学の授業書の研究が一段落してから数学の授業の問題に取り組もう」と思っていました。そこで，数学の授業の問題は後回しにしてきたのです。しかし，1993年のこと，数学教育の公開授業研究会に講師として呼ばれたことがあって，そのとき本格的に数学の授業の問題に取り組むことにしたのでした。

前にも聞いたことがあるのですが，そのとき私は「いまの中学生は〈証明〉を教わる前からほとんど全員が〈証明の授業は嫌い〉という拒否反応をしている」と聞いて驚きました。そして，その理由を考えた結果「これまでの数学教育の中の〈証明〉が間違って行われている」ということに気づいたように思いました。そこで，数学教育の抜本的な改革のために「仮説実験授業」ならぬ「仮説証明授業」を提唱することになったのです。『たのしい授業』のNo.130＝1993年7月号に掲載されている「たのしい授業の思想と数学教育 ― 仮説証明授業の提唱」という文章がそれです。

私が中学生時代に教わった数学の授業でもそうでしたが，「証明」の仕方は自分自身で「思いつく」のが原則になっていました。数学好きな人は沢山の問題をやっているので，〈新しい定理をうまく証明するためのヒント〉にたまたま思いつけることもあります。そうするととても楽しく思えたりします。しかし，それは似た問題をたくさんやっているからです。普通にはなかなか思いつくものではありません。フト偶然に思いつくようになるには，それなりの学習の積み重ねが必要なのです。私の場合は，早くから「証明」というものの素晴らしさを知ったので，昔からいろいろな人によって証明されてきた「定理」に興味があって，その証明の仕方に感動してきました。だから，いろいろな証明の仕方を知らぬ間に身につけ得たのだと思います。数学者になったのは，そういう風に数学が好きになった人びとなのでしょう。

しかし，「幾何学というのは，偶然に発見できる証明を楽しむものだ」と

いうふうにさえなってきてしまいました。そして，そんな〈証明の思いつきの面白さ〉に魅かれるのはごく一部の生徒だけでした。そのような授業は，大多数の人びとを数学嫌いにしてきたのです。

そこで，生徒の反発を恐れた数学教育者たちは，「幾何学の教育はふつうの生徒には合わない」と考えたりしました。その結果，日本の中学校の数学のカリキュラムから幾何学がほとんど姿を消していました。しかし，一方には「幾何学の証明は生徒の頭をよくする働きがある」とか「証明の精神こそ民主主義の精神だ」との思いを抱く人びとがいて，少し前から，また幾何学の教育が復活してきました。しかし，数学教育の関係者はなすすべを失っていたと言っていいでしょう。

「そういうときには，数学史の原点と教育の原点に立ち返って考え直したほうがいい」というのが私の発想法です。そこで，「数学の数多くの定理というものはどのようにして発見され，証明されてきたのか」と考えると，**ほとんどの定理は長い経験の末に物理的とも言える方法で発見されたことが分かります。**そして，その後たまたまある人がそのうまい証明法に気づいたので，それが人伝に受け継がれてきたのです。ですから，数学の定理というものは何も自分でその証明に気づく必要はないのです。しかし，たいていの人は他人がたまたま気づいた証明法を知ったとき，「なるほど，うまくやったな！」と感動するようになります。

仮説実験授業で物理学の法則を教えるとき，私たちは「あたかも生徒たちが発見した」と思えるように，問題の順序を仕組みます。それで，実際ある生徒たちはうまい仮説に気づいて友だちを説得していって，ついに重要な法則が発見されることになります。数学教育でも，それと同じようにすることができるのです。私はそう思って，すぐに「三角形の内角の和は180度である」という定理を証明する〈図形と角度〉という授業書を作成しましたが，幸い好評でした。その後，兵庫の出口陽正さんは〈図形と証明〉という授業書を作って，「ピタゴラスの定理＝三平方の定理」を証明する授業を実現しています。その結果，子どもたちは全員が「証明」の面白さと素晴らしさに感動するようになっています。仮説実験授業の考え方そのものではないが，それを「仮説検証授業」と発展させることによって，数学教

育を大きく改革する糸口を作り得たと考えています。

もの作りの授業と仮説実験授業

　仮説実験授業というのは，厳密にいうと「科学の授業」に限られるのですが，『たのしい授業』の創刊以来，同誌に毎号のように掲載される「もの作りの授業」がとても好評なのに驚いています。『たのしい授業』を創刊したとき，同誌に〈もの作り〉の記事を載せるように配慮したのは，もともと私自身なのです。だから「それが好評なのに驚く」というのは不思議なことのようにも思えます。しかし，私はそれほど好評を博すとは思っていなかったのです。いまではその〈もの作り教材〉は9冊もの『ものづくりハンドブック』に収録されていますが，その本は仮説社のもっとも営業成績のいい本の一つになっているのです。

　「もの作りの授業が好きだ」というと，理科の先生の中には「そんなものを作らせても〈それはどういう原理法則によって動くのか，なぜうまく作れるのか〉を教えなければ意味がない」などという人がいますが，そんなことはありません。私は自然科学の教育も重視しますが，それとは独立に〈もの作り〉技術の授業も重視すべきだと思うのです。

　私が〈もの作り〉の授業を重視するのは，大きな理由があります。今日の日本人の多くは，科学と技術というと，とかく「科学のほうがより高い価値をもっている」と思いがちです。そこで，理科の授業というと理論と実験ばかりを教えたがったりします。しかし，私は仮説実験授業を提唱しはじめた当時から，「広義の科学教育は仮説実験授業で教えるような科学の教育だけで済ませてはいけない」と考えてきました。今日の人びとの多くは，「今日の物質文明というのは自然科学の発達によって可能になった」とばかり思いがちですが，今日の**物質文明は自然科学の発達とは無関係に発達してきた面が少なくない**のです。飛行機だって，まず飛行機が飛ぶ理論ができて発明されたのではなく，自然科学の理論をほとんど知らない人びとが強引に発明してしまったあと，科学者たちがそれを理論づけたといったほうがいいのです。

　おそらくそういう事態は今後とも続くでしょう。科学と技術は相互に独

立していて，それが相互に影響しながら発達していくのです。私は科学好きの日本人がとかく科学ばかりを高く評価しがちで，科学とは独立にもの作りに興味をもつ人びとを馬鹿にする傾向があることを心配して〈もの作り〉の記事を重視したのでしたが，『たのしい授業』の読者は私の思い以上に反応してくれたことを嬉しく思っているのです。

新総合読本の作成運動と『社会の発明発見物語』の重要性

　自然科学の教育というと，とかく「自分自身で実験して知識を仕入れるべきで，本を読んで知識を仕入れるのは科学的ではない」と主張する人もいます。しかし，私はそれにも反対でした。すぐれた科学者といわれる人びとも，先人のすぐれた科学者の仕事，その思考や実験のアイデアの素晴らしさを知って始めてすぐれた科学者として成長しえたことを忘れてはなりません。そこで，私は「科学的な思考の発展」という側面からだけでも，自然科学のみならず社会の科学の読み物を読むことの重要性を指摘してきたのでした。だから，私は誰かが仮説実験授業だけをやって「十分な科学教育をしている」と考えてほしくないのです。そこで私は，「国語の授業のほか，理科や社会科の授業の中でも，社会や自然の発明発見物語などを読む授業をやるべきだ」と考えて，新総合読本を作成する運動や，とくに欠如している社会の科学の読み物として『社会の発明発見物語』といった本の作成作業を進めてきました。

　本書は，『仮説実験授業のＡＢＣ』という表題なのに，新総合読本や社会の発明発見物語に関する事項まで取り上げたのは，そういう意味なのです。ご了解下さい。

授業書の作成について

　ところで，仮説実験授業のことを知ると，多くの人びとは自分でも授業書を作ってみたくなります。しかし，大部分の人は間もなく挫折することになります。これまでのふつうの教科書に書かれているような内容を「問題・予想・討論・実験」や「お話」の形になおしただけでも，ふつうの授業よりは少しはうまくいくことはあります。しかし，何か問題が不自然だったり

して授業がしらけてしまうことが少なくありません。これではなかなか他の先生方に広めるわけにいきません。そこで「何が何でも授業書を自作しなければ気がすまない」という人の中には，仮説実験授業から遠のいていく人もいます。

　しかし，考えてみてください。たくさんの先生方が「これはおもしろそうだ。これでぜひ授業をやってみたい」と思うような授業書というものは，そうやすやすとできるものではないのです。

　これまですでにかなり多くの人びとによって授業にかけられ，信頼を得ている授業書をみてください。それは，狙いの上からいっても，内容の上からいっても，従来の教科書とはまったくちがうものであることに気づくはずです。これまでの教科書の内容をそのまま授業書の形にしようとしても，それはうまくいかないことが多いのです。従来の教科書は多かれ少なかれ断片的な事実の安易なおしつけに終始しているのがふつうだからです。ですから，それをいくら仮説実験授業の「形式」になおしても，生徒自身が問題を考えていくうちにハッとおどろいたり，自然に納得することができるようにはならないのです。

　仮説実験授業は，なによりもおしつけをきらう授業です。しかし「生徒たちが自分自身で十二分に納得できないことは一切教えてはならない」というわけではありません。必ずしも十二分に納得できないことだって，ちょっとした話をすれば子どもたちがハッとして「そうかも知れないな」と思えるようになることは，「お話」のような形で提供すべきだ，というのが仮説実験授業の考えなのです。ただ，「子どもたち自身が十分納得しうることとそれ以外のことを，はっきりと分けて教えなければいけない」というのです。これまでの教科書の内容はその区別がはっきりせず，結局「子どもたちがハッとおどろいて自分の考えを変えられるような問題の系列」が十分用意されていないのがふつうなのです。

　そこで，授業書を作るには「どんな問題を与えたら子どもたちがハッとおどろいて自分の考えを変えるようになるのか」，その認識の発展過程を改めて研究しなければなりません。そして結局のところ，**授業書を作ろうとする人びと自身がハッとさせられるような一連の問題に出くわして，そしてそれ**

で自分自身がやっと納得することができたとき，はじめて満足のいく授業書ができるようになるのです。

　そういう授業書を作ろうとするとき，従来の教科書はあまり参考になりません。その多くはあまりにも権威の上にあぐらをかきすぎていて，人びとを感動させるものにとぼしいのです。その点むしろすぐれた啓蒙書のほうがずっと参考になります。授業書を作ろうとする人びとが，その科学のすばらしさに十分感動できるようになってはじめて，子どもたちを感動させ得るような授業書を作ることができるようになるのです。

　私はこれまで，そういう素材を科学史の中に求めてきました。もっとも，すでに書かれた科学史書の中にも，そのまま授業書化できるものはありません。しかし，「**科学の歴史のもとをたどっていくと，きまって私たちを感動させるような発見がかくされている**」ということを知ることができたのです。ですから，私は科学史の研究と並行して授業書を作成してきたのでした。

　従来の教科書とは別に，人間の認識過程を新たにときほぐしていくという仕事はやり甲斐のある仕事ですが，だれにでもできる仕事というわけにはいきません。とくに日々の授業に追われている先生方にはなかなかできることではありません。そこで，これまで多くの先生方が授業書作成を志しながら，それに成功しなかったのです。しかし，人間の認識過程をときほぐすには，科学史よりも子ども自体に当たって調べた方がてっとり早いことも確かです。ただ，いつも常識的・伝統的に考えていたのでは，子どもの認識がどんな問題を契機にしてどのように飛躍していくのか，とらえることができません。私たちは子どもにどんな問題をなげかけたらよさそうか，これまでの常識や学問のワクをこえて自由に大胆にかつ粘り強く日々の授業に問いかけていく必要があるのです。

　日々の授業がいそがしい先生方でも，こうして研究を積み重ねていけばすばらしい授業書を生み出すことも可能になります。実際，そうやってすでに各分野で授業書作りの中心になっている人が何人もいます。しかし，「何としても自分自身で授業書を作らなければならない」などと考えないことが大切だと思います。10年余り前に，「法則化運動」というのが大流行して多くの人びとが1年間に十もの〈授業の法則〉といったものを提出したりし

ましたが，結局のところいまに残る法則はほとんどないようです。新しい授業書を作成するのは博士論文を作成するよりも難しいのです。「博士論文なんか難しくて出来ないが，授業書なら作れそうだ」と考えるのは，教育という仕事をほかの学問よりもずっと低く考えるから起きてくる考えなのです。ふつうの教師は「教師として優れていることで十分なのだ」ということを忘れてはならないと思うのです。

　明治以後，日本の教育運動は流行現象をくり返してきました。開発主義教授法がおこったあとにはヘルバルトの五段階教授法がおき，動的教授法とか生徒実験法，発見学習法，創造主義教育，ダルトンプラン，労作主義，生活単元学習法，系統学習法，プログラム学習，などなど，流行の対象となった教授法，学習法は少なくありません。それらの多くは突如として大流行したかと思うと数年にしてあきられ，十数年ののちにはもう忘れられた存在になっていったのです。

　流行は普及のためにはもっとも効果的ですが，同時にそれは精神よりも形式を重んじさせることになります。そしてそれは質をゆがめて，はじめのねらいをめちゃくちゃにしてしまうのです。

　仮説実験授業を提唱した当初から，私たちはそのような流行化の危険をいつも警戒してきました。仮説実験授業というのはその形式からしてももともと流行化しやすくできているのですが，考え方の方は必ずしもそう簡単に理解できるとはいえません。すぐれた授業書は授業書作りが流行化したからといって生まれるものではなく，むしろ〈俗悪な授業書もどき〉とごっちゃになって何が何だかわからなくなるおそれがあるのです。そこで，私たちはこれまでいつもこれが安易に流行化することがないように配慮してきたというわけです。

　さいわいにして仮説実験授業は流行化によってゆがめられることなく，30年以上の年月の間に多数の授業書を積み上げることができました。そしてすでに述べたように，今ではすべての教科をも対象とするいきおいをもつことができるに至っています。

第5話

どんな授業書があるか
― 授業書その他の教材一覧 ―

　仮説実験授業の授業書は，1年にせいぜい1〜5種類しかできません。研究会の席ではいつでも何種類もの授業書案が検討されるのですが，「だれがやっても，どこでやっても，かなりの成果をあげることが確実」というように保証できる授業書は，そうおいそれとできるものではないからです。

　しかし，もう一度考えなおしてみると，「1年に1〜5種類の新しい授業書ができあがる」ということは，おどろくべきスピードだともいえるでしょう。このスピードですすむと，30年間には100種類ほどの授業書ができることになるのですから。――じっさい，仮説実験授業の研究がはじまったのは1963年のことですから，もう40年以上になります。その間私たちは100近くの授業書を作り上げることに成功してきたのです。

授業書の作成は力学分野からはじまったが……
　仮説実験授業がはじまって数年の間は，仮説実験授業といえば《ふりこと振動》《ばねと力》《まさつ力》《ものとその重さ》といった力学関係の教材に限られていました。そして，その授業ができるのは，ほぼ小学校4年生以上と限られていました。しかし，今ではちがいます。
　今では，力学関係の授業書も《トルクと重心》《浮力と密度》《滑車と仕事量》《おもりの働き》と充実しているほか，物質の原子構造と関連した物性現象に関する《溶解》《結晶》《三態変化》《温度と沸とう》《もしも原

子が見えたなら》《空気の重さ》《水の表面》《30倍の世界》といった授業書ばかりでなく，《花と実》《背骨のある動物たち》といった生物教材の授業書や，《宇宙への道》《月と太陽と地球》といった地学関係の授業書もできており，《磁石》《電池と回路》《自由電子が見えたなら》《ゼネコンで遊ぼう》《二つの回路の結合》《光と虫めがね》《いろいろな気体》《燃焼》《爆発》といった物理学や化学関係の授業書もできています。

　それだけではありません。小学校の低学年でもできる授業書として《足はなんぼん？》《にている親子・にてない親子》《たねと発芽》といった一連の生物関係の授業書もできていますし，《空気と水》《ふしぎな石——じしゃく》《かげと光》《ドライアイスで遊ぼう》といった非生物系の低学年用の授業書もできており，従来は小学校中高学年以上の授業書と考えられていた《もしも原子が見えたなら》なども，小学校1〜2年で教えることができることが明らかにされてきています。それに，〈きゅうきゅうばこ〉は生活科でも使うことができるでしょう。

　また，他方では中学・高校程度の授業書も開発されてきています。仮説実験授業の授業書はもともと学年指定がなく，《ものとその重さ》《ばねと力》など，小学生だけでなく中学・高校・大学でも用いられてきたものが少なくないのですが，文部科学省の指導要領などで中学や高校ではじめて学ぶようになっていた領域——あるいはこれまで中等教育でも本格的に教えることが断念されてきた問題についての授業書も作られるようになってきているのです。たとえば，《電流》《程度のもんだい》《電流と磁石》《電子レンジと電磁波》《偏光板の世界》《磁気カードの秘密》《熱はどこにたくわえられるか》《光のスペクトルと原子》《錬金術入門》《原子とその分類》《速さと時間と距離》《力と運動》《長い吹き矢，短い吹き矢》《磁石と力》《生物と細胞》《生物と種》《地球》などの授業書です。
ところで，仮説実験授業はいわゆる自然科学教育だけに適用されるものではありません。広い意味での科学の教育——つまり社会科学や数学などの教育にも適用できるはずだということは，仮説実験授業の提唱の当初から主張されてきたことです。

　社会の科学の授業書としては，《日本の都道府県》《沖縄》《日本歴史入

門》《鹿児島と明治維新》《おかねと社会》《日本の戦争の歴史》《自給率》《世界の国ぐに》《世界の国旗》《焼肉と唐辛子》《世界史入門》《対数グラフの世界》《社会にも法則があるか》《三権分立》の授業書ができているほか，《生類憐みの令》《禁酒法と民主主義》《コックリさんと遊ぼう》《差別と迷信―被差別部落の歴史》などは，道徳の授業書として好んで用いられています。また，数学の授業書としては，《広さと面積》《2倍3倍の世界》《図形と証明》《勾配と角度》《図形と角度》《落下運動の世界》《1と0》《つるかめ算》《量の分数》《コインと統計》などができています。

　国語に関しては，「新総合読本」として，いろいろな読み物が作られているほか，《漢字と漢和辞典》という授業書ができており，《記号のなぞとき―道路標識》も文法教育入門として，すべての教科の基礎になります。その他，技術科の授業書として，《技術入門―火打石と発火の技術》ができています。美術教育では，「キミ子方式」というのがありますが，これは多くの点で仮説実験授業と考え方を共通にしています。キミ子方式についてはすでに多くの本が刊行されているので，それらを参考にして下さい。

　そんなわけで，いまでは，どんな学年，どんな教科を担当しても，「利用できる授業書がまったくない」ということはない状況にあります。理科や社会科などでは，むしろ，「どんな授業書をどんな順序でやったらいいのか」ということが問題になっているといえるでしょう。そこで，そのような問題に対してヒントを与えることにしたいと思います。

統一カリキュラムは作らないのが原則

　まず第一に原則的なことを申しますと，それは「どんな授業書をどういう順序でいつごろやったらいいかをきめるのは，個々の教師の役割だ」ということです。仮説実験授業では，ある授業書をとりあげるとなったら，その授業内容はその授業書にそって展開されることになるので，いわゆる「教師の独自性」の入る余地はあまりないともいえます。それは，たとえば《光と虫めがね》について教えるのに，教師一人ひとりが教案をつくって教えるのより，既成の授業書にそって授業をやった方がいい授業ができ

るという実験結果がでているからです。しかし「どんな授業書を（つまりどんな内容を）何年生に教えたらもっともよいか」といったことは，必ずしも実験的に明らかにできることではありません。そこで，仮説実験授業では，「あることを教えるとしたら，どのように教えたらよいか」ということについてはかなり細かいところまで指示するかわりに，**「何を教えたらよいか」ということについては教師一人ひとりの判断にまかせる**ことにしているのです。

　ですから，仮説実験授業では「研究会としての統一カリキュラムは作らない」というのがたてまえになっています。カリキュラムは個々の教師が自分の教育担当領域・期間に即して作成すべきだというのです。

もちろん，そうはいってもたいていの先生方は困るでしょう。そういうときには，次の二つの判断方法にしたがえばいいと思います。一つは，仮説実験授業の授業書や授業記録を読んで，「これはおもしろそうだ」「これなら自分のクラスでもできそうだ」と思うものをやっていくことです。仮説実験授業の授業書は，たいていその一つ一つがほとんど完全に独立しています。ですから，授業書間の前後関係はほとんど考えなくてすむようになっています。「《ばねと力》の前には《ものとその重さ》をやっておいた方がよさそうだ」というようなことはありますが，それも絶対的なことではありません。また，たとえば《浮力と密度》の授業の前には《ばねと力》の授業書をやっておくほうが望ましいのですが，《浮力と密度》の授業書には，そのはじめに（いわば第0部として）《重さと力》という授業書を付けて，必ずしも《ばねと力》をやっていなくても差し支えないように配慮してあります。

検定教科書にヒントを求めるのも一便法

　「どんな授業書がおもしろそうか」ということを判断する以前に，「まずどんな授業書や授業記録を手にしたらよいかわからない」という人もいることでしょう。そんなときには，検定教科書の内容を一つのヒントにしてカリキュラムを作る，という便法もあります。それはなにも，「検定教科書の内容がとくにいいから」というわけではありません。検定教科書の内

容だって，たいていの場合全く根拠のないものです。しかし,「自分では全く判断のつかないときには，そんなものでも判断のきっかけにはなるだろう」というだけのことです。

　授業書を一つでもやり，他の人の話をきいたりしていればだんだんと検定教科書にたよらないでも，どんなときにどんな授業書をやればいいか，少しは判断がつくようになるでしょう。それまでは，検定教科書がいくら押しつけだといっても，それを毛ぎらいするまでもないということです。まず，仮説実験授業をはじめるきっかけとしては，教科書にもでている教材を選ぶのが無難かもしれません。そうすれば，ふつうの授業と仮説実験授業がどれほどちがうかも，くらべられるというものです。

　ところで，検定教科書の内容をヒントにして授業書を選ぶ場合，とくに注意しなくてはならないことがあります。それは，「**教科書でのその単元への配当時数をそのままにして授業書をやってはならない**」ということです。教科書と授業書に似たようなテーマのものがあっても，その教育内容はまるでちがうのがふつうです。そして，たいていの場合，仮説実験授業の授業書の方が程度がずっと高くて内容が豊富です。ですから，同じようなテーマでも，検定教科書の配当時間よりも仮説実験授業の方がはるかに時間がかかってあたりまえなのです。あまり授業時数にこだわると，子ども本位に授業がすすめられなくなることがあり，ぶちこわしになるのでご注意ください。

授業書は途中をとばさないで用いること

　仮説実験授業の授業書は，とくべつなことがない限り，途中をとばしたりしないで，そのままの順序でやってください。「前にどこかでやった」という問題があっても，それは復習のつもりでごく簡単にでもとりあげてやるのがいいでしょう（もっとも，小学生用に作られた授業書を中学や高校で用いるときは，かなり省略することもできます）。そして，授業書をやるからには，その第1部とか第2部とかのひとかたまりは完全にすすますようにしてください。一つの表題の授業書はたいてい2～3部にわかれています。その何部かを省略してもかまいませんが，いろんな部分からつまみ食

い的にやることはやめてください。それでは仮説実験授業にならないからです。

さて，これ以上，授業書のとりあげ方について助言すべきことはないでしょうか。いや，あと一つだけあります。それは，「とくにはじめての人は，実験がやりやすくて明快な実験結果がえられやすい授業書をとりあげるといい」ということです。そのため，生物や化学関係の授業書よりも力学関係の方がやりやすいようです。小学校1〜3年生なら《空気と水》，3〜4年生なら《ものとその重さ》や《光と虫めがね》がとっつきやすいでしょう。5〜6年生で《ばねと力》をやるととてもすばらしい授業ができることがありますが，この授業書はかなり哲学的であるために，はじめてやるのはむずかしいかもしれません。

完成度の高い授業書と教材の解説一覧

以下，これまでに作成されてかなり完成度の高い授業書とそれに準ずる教材を紹介しておくことにします。まずはじめに「小学校低学年でも教えることのできる授業書」を取り上げ，その後で小学校中高学年で教えることのできる自然科学関係の授業書を大まかに

〈自然界の多様性を明らかにする教材〉
〈物性＝原子分子の一般的な性質に関する教材〉
〈初歩的な力学分野の教材〉

と分けて，そのあと，小学校高学年から中学・高校段階の〈物理教材〉〈化学・生物・地学分野〉に進みます。
そしてそのあと，社会の科学に関する教材を

〈①日本の地理と歴史に関する教材〉
〈②世界の地理と歴史に関する教材〉
〈③社会の科学一般，道徳，公害に関する教材〉

にわけ，最後に〈算数・数学関係の教材〉〈国語・英語に関する教材〉〈技術・迷信・体育・美術などの教材〉というふうに分けてあります。
この分類はかなり流動的ですから，自分のとくに興味のある分類だけでなく，その他の分類項目にも目を通して下さるようお願いします。なお，こ

のリストのうち＊印のついているものは，現在研究会で授業用の（そのまま印刷機にかけられるような）授業書を作っています。参考文献ならびに仮説社のカタログ（本書巻末に掲載）によって入手してください。

村西正良さんが作成されたウェブサイト「仮説実験授業研究会準公式サイト」（www.kasetsu.org）には，作成途上にある授業書を含めたほとんどすべての授業書（案も含む。以下同）のリストが載っていて，とても便利です。しかし，授業書といっても，完成度が高いものと低いものとがあります。現在のように授業書の数が増えてくると，「どの授業書が完成度が高く，どの授業書はまだまだ研究を要するか」という判断を下すのも容易なこととは言えません。そこで，本書には，今のところ私自身がかなり安心しておすすめできると思える授業書だけを挙げることにします。私の判断には狂いもありうるし，見落としも少なくないと思いますので，これは判断の一つのヒントに過ぎません。あなたの知り合いの人に聞いたら，違う判断を下すかもしれません。近い知人に詳しく聞いてから授業するのが一番かもしれません。このリストは一つのヒントとして活用して下さるようお願いします。とくに，授業書の作成作業に参加したい，という方々は「準公式サイト」をご覧になってください。

A．小学校低学年でもできる授業書

① **授業書《足はなんぼん？》＊**

今のところ，小学校１年生でもっとも広く用いられて評判のいい授業書です。１年生ではなく２〜３年生でも広く利用されて成果をあげています。授業書と授業記録は『科学教育研究』第６冊（国土社，絶版）にでていますが，『たのしい授業』（仮説社）のNo. 9〜12（1983年12月〜1984年3月号）に載った伊藤恵さんの授業記録はとても楽しいものです。『（新版いたずらはかせのかがくの本）足はなんぼん？』（仮説社）の巻末にもくわしい解説があります。以上のうちの一つの文献を見れば，自信をもって授業ができるでしょう。英語対訳版もあります。

② 授業書《背骨のある動物たち》＊

《足はなんぼん？》の授業書と前後して小学校2〜4年生あたりで授業する人も多いのですが，中学校でも広く用いられている授業書です。授業書とその解説は『仮説実験授業研究』第11集（仮説社，絶版）に載っています。『(新版いたずらはかせのかがくの本) せぼねのある動物たち』（仮説社）にはカラーの絵がのっているので利用できます。多くの人々によって授業に用いる絵札が開発されています。

③ 授業書《にている親子・にてない親子》＊

生物の変態をあつかった授業書です。小学校1〜4年生で活用されています。授業書と授業記録（小2）は『仮説実験授業研究』第8集（仮説社，絶版）に載っています。『(いたずらはかせの科学の本5) にている親子・にてない親子』（国土社，絶版）の巻末にも解説がありますし，カラーの絵が利用できます。

④ 授業書《空気と水》＊

小学校低学年でもっともやりやすい授業書といえましょう。小学校2年生を中心に1〜4年生で広く用いられています。『(新版いたずらはかせのかがくの本) 空気と水のじっけん』（仮説社）の巻末にもくわしい解説がでています。『仮説実験授業研究』第2集（絶版）にのった授業記録は障害児学級でのものです。英語対訳版授業書もできています。

⑤ 授業書《ドライアイスであそぼう》

とくに夏の暑い季節におすすめの授業書です。最近はドライアイスを買うと，「ドライアイスで遊ばないように」と表示してあるものがあるようですが，これは，製造物による事故防止のため，何か不測の事故が起きたときにも業者が責任を取らされないための過剰な反応で，「ドライアイスを密閉した容器に入れたり，ドライアイスの気化による圧力でロケット遊びをするときに，不注意なことをする」などのことをしなければ，危険なことはありません。とはいえ，危険なことは全くないわけではないので，教師の管理下で実験するように指導してください。『(新版いたずらはかせのかがくの本) ドライアイスであそぼう』と『ものづくりハンドブック3』（仮説社）に詳しい解説つきで出ています。また，第2部が『ものづ

くりハンドブック7』に載っています。

⑥　授業書《かげとひかり》＊《ふしぎな石―じしゃく》＊その他

　『（いたずらはかせの科学の本１）かげと光とビー玉』（国土社，絶版）のビー玉の部分をカットした授業書で，小学校１年生以前でもたのしくできます。また，《ふしぎな石―じしゃく》という低学年用の授業書が，『（授業書研究双書）磁石・ふしぎな石＝じしゃく』（仮説社）に収録されています。

⑦　《たねと発芽》

　これも気軽にできる授業です。〈植物を育てる授業〉の継続観察はしばしば継続活動の責任を取らされることになって嫌われがちですが，この授業は「種子らしいものを播いたら本当に芽が出るかどうか」ということだけを実験するので，気軽にできます。ふつう〈たね屋〉さんに売っている各種の種子を播いてもいいのですが，「いろいろなタネを混ぜてハトの餌として売られているものを播いたら，芽が出るか」を試したり，「食べるイチゴの粒は種子だというが，硬く熟したイチゴの粒々を播いても芽が出るか」調べるほうが楽しいでしょう。タンポポの種子の発芽をためしてみるのもいいし，「豆モヤシを作って食べておしまい」というのも楽しいでしょう。授業書と関連記事が『ものづくりハンドブック２』（仮説社）に載っています。『タネと発芽』（仮説社）という単行本もできています。

⑧　授業書《おもりのはたらき》＊その他

　低学年の製作・技術教材には，《おもりのはたらき―やじろべえ・おきあがりこぼし・ふね》《ほかけぶね》というのもあります。これは，『（授業書研究双書）てこ・滑車・仕事量』（国土社，絶版）に載っています。その他，板倉聖宣『ぼくがあるくと月もあるく』（岩波書店，絶版）や，板倉聖宣『記号のなぞとき』（岩波書店，品切），山田真『きゅうきゅうばこ』（福音館書店）でも低学年から楽しい授業ができることが報告されています。

⑨　ミニ授業書《電気をとおすもの とおさないもの》＊

　ねらいは「キラキラ光る〈金属〉は電気をよく通す」という〈金属〉についての一つの概念を教えることにあります。また，予想選択肢が「豆電

球はつく・つかない」の2つしかないため，予想・実験をくり返すおもしろさを，比較的低年齢の子どもからおとなまで楽しむことができます。

⑩　ミニ授業書《コマで遊ぼう》*

　このミニ授業書のねらいは，「〈どんなコマがよくまわるか〉ということをテーマに，仮説・実験をして心理を探る楽しさを体験する」「〈どんな形の板でも，重心に軸をつけることができればコマになる〉ということを知るそれによって，科学上の心理は，ある条件・範囲内では〈すべて同じ理屈で行ける〉ということを感じ取る」「自分でコマを作ったり，回したりして，楽しむ」の3つです。

　なお，最近では，これまで小学校中高学年以上の授業書と考えられていた《もしも原子が見えたなら》なども，小学校1〜2年で教えることができることが明らかにされてきています。これについては，伊藤恵さんの「低学年における原子論の教育の可能性」（『ちいさな原子論者たち』仮説社）を参照してください。仮説実験授業の授業書は予備知識をあまり必要としないものが多いので，教師が「私のクラスの子どもたちなら歓迎してもらえそうだ」と判断できるものなら，教えて下さっていいのです。そんなわけですから，以下の他の項目にも注意して下さい。

B. 自然界の多様性をとりあげた基本的な授業書

①　授業書《磁石》* 《ふしぎな石—じしゃく》*

　「第1部　じしゃくの性質／第2部　磁石はなぜ北をさす？／第3部　磁石の正体」の3部からなる本格的授業書で，『(授業書研究双書)磁石・ふしぎな石＝じしゃく』（仮説社，品切）には授業書がくわしく解説されており，巻末にはそのまま生徒用の授業書としてコピーできるものが付してあります。小学校3〜6年生または中学生によいでしょう。第3部はかなり程度が高くなります。《ふしぎな石—じしゃく》は小学校1〜2年用です。《磁石》の第3部の「磁石の正体」を発展させた岩波映画〈物質の構造〉は，小学校5〜6年生以上におすすめできます。なお，磁石に関しては，その後「鉛筆やクレヨン・消しゴムなどにも磁石に吸いつくものが

ある」ことが発見されているので，注意して下さい。それらのことは授業書《程度のもんだい》で扱うことになります。このことについては，板倉聖宣『磁石の魅力』（仮説社），板倉聖宣『砂鉄とじしゃくのなぞ』（仮説社），板倉聖宣『私の新発見と再発見』（仮説社）も参照のこと。

② 授業書《電池と回路》*

「まめ電球のつけかた／はだか線とビニール線・エナメル線／スイッチ／電池のつなぎ方」の4部からなっています。これも初心者にもとてもやりやすい授業書なので，広くおすすめできます。『(授業書研究双書)電池と回路』（国土社，絶版）には授業書のくわしい解説と授業記録が収録されています。この授業書と関連したたのしい授業書案に《2つの回路の結合》（『仮説実験授業研究』第7集）があります。

③ 授業書《まめ電球と回ろ》

この授業書は《電池と回路》の1972年当時の版です。『理科オンチ教師が輝く科学の授業』（仮説社）に載っています。解説は『(授業書研究双書)電池と回路』（国土社，絶版）に載っています。

④ 授業書《自由電子が見えたなら》*

この授業書は，長いあいだ〈電気を通すもの，通さないもの〉とか〈金属〉という名称で呼ばれていたものです。この授業書は，大人に「仮説実験授業というのはどういうものか」を体験してもらうのにも最適ともいえる授業書です。その授業書と解説は，『第3期仮説実験授業研究』第2集（仮説社）に収録されています。また，その大人向きの講演記録は，板倉聖宣『仮説実験授業の考え方』（仮説社）に収録されています。授業の様子を記録したDVDもあります。

⑤ ミニ授業書《ゼネコンであそぼう ― 発電機と電気エネルギー》*

電気現象には，①まさつ電気=静電気現象と，②電池による電流現象と，③発電機による電流現象，の3種類のものがあります。じつは，私たちに一番身近な電気である〈家庭に送電されてくる電気〉は③の電気なのですが，家庭に送電される電気で下手に実験するとビリッときて危険なことがあります。そこで学校などでよく実験されるのは①と②だけで，③の現象はほとんど実験する機会がないので，一番身近な家庭の電気現象の理

解が混乱することがあります。本当は小さな発電機で発電した電気で実験するといいのです。さいわい，ゼネコンGeneconという〈小さな手回し発電機〉があります。そこでそのゼネコンを使って③の電気現象を身近に体験しようというのが，この授業書の狙いです。この授業書は文庫本大の「ミニ授業書」で，「ゼネコンとモーター／コンデンサーとゼネコン」の2部編成になっています。この授業書をやるには，ゼネコンが少なくとも2個以上と豆電球が必要で，第2部をやるには，コンデンサーなどが必要ですが，そういう実験材料が揃いさえすれば，小学校中学年以上なら子どもも大人も電気現象を大いに楽しめるので，おすすめの授業書です。

⑥　授業書《光と虫めがね》*

「虫めがねで光を集める／望遠鏡とけんび鏡／凹面鏡のはたらき／光のいたずら」の4部からなっています。『(授業書研究双書) 光と虫めがね』（仮説社，品切）には授業書のくわしい解説と授業記録が載っています。小学校4〜5年生なら十分できますが，中学・高校でもたのしい授業ができます。小学校3〜4年生では第1部と第2部だけにするのも一法ですが，できたら第3部と第4部もやってみたいものです。第3部をやるには凹面鏡を用意しさえすればそれでよいのです。「イリュージョン」や「ミラクルボール」というみごとな実験装置（ルーム・アクセサリー）が用意できると，第4部はこの上なくたのしくなります。

⑦　授業書《虹と光》*

この授業書は「光の波動説を抜きにして，身近な虹の色の問題を理解すること」をねらいとしています。虹についてとても楽しい授業が実現できるようになっていると思います。『たのしい授業』2001年4月号に全文と解説が載っています。

⑧　授業書《宇宙への道》*

仮説実験授業の授業書としては変わりもので，教室で直接実験のできない授業書ですが，小学校5〜6年から中学生に好評です。「地球／月と太陽／太陽と宇宙」の3部からなり，太陽系の模型を作って宇宙の巨大さを直接的なイメージにまで高めることができます。授業書と授業記録（小6）は『授業科学研究』第3巻（仮説社，品切）に載っていますが，その

他『科学教育研究』第2冊(絶版)にも授業記録(中2)が載っています。板倉聖宣著『地球ってほんとにまあるいの?』(仮説社)も参考にしてください。

⑨　**授業書《月と太陽と地球》***

「月の満ち欠け／日食と月食／惑星の満ち欠け」の3部構成です。月の満ち欠けを考えるには立体的な見方を要するので,見かけよりずっとむずかしいところがあります。そんなこともあって,この授業は《宇宙への道》の後にやるとかなりやさしくなります。小学校5〜6年でもできますが,ややむずかしいので,もっと高学年でやるようにした方がいいかもしれません。授業書と授業記録は『科学教育研究』第9冊(絶版)に載っています。

太陽系については,この他に〈日食と月食〉という授業書案(『授業科学研究』第9巻)ができています。また,**《太陽系の成り立ち》**という授業書も完成間近です。

⑩　**授業書《花と実》***

「仮説実験授業は生物教材には向かないのではないか」という偏見をうちやぶるためにできた生物関係の最初の授業書です。「きれいな花のさく草や木とその実(たね)／花のおしべ・めしべ／いろいろな花とそのしくみ／実のなる植物と花／品種改良と花と実(たね)」の5部からなっています。長編の授業書ですが,感動的な授業ができると定評のある授業書です。この授業書は,花→実の法則性をもとに,常識的な花や実の概念を科学的なものにまで高めて,生物学でも法則的な認識がすばらしい役割を演ずることを納得させることをねらっているのですが,その問にいろいろおもしろい植物をおりまぜて,植物の分類についても視野を拡げようという欲張った内容をもっています。授業書とその解説は『仮説実験授業研究』第1集(絶版)にでていますが,授業書の第5部は板倉聖宣著『ジャガイモの花と実』(仮説社)をあてることになっているので,同書も手元においてください。なお,『(いたずらはかせの科学の本10)花と実のなぞ』(国土社,絶版)にはこの授業に役立つカラーの絵が載っています。しかし,この授業を効果的にするためには,その他にもいろいろな花や実のカラー

⑪　授業書《30倍の世界》＊

「ライトスコープ」という30倍の反射光式の簡易顕微鏡を使って私たちの世界を拡大しようという授業書です。ふつうの顕微鏡は透過光を使うために，ふだん見慣れているものと違って見えるので感動しにくいのですが，このライトスコープで見ると日常経験が大きく広がるので誰でも感動します。この授業書は「はじめに——ライトスコープと倍率の話」のほかに，「色の原子を見る／点と粉と粒／いろんなものを見てみよう」という3部構成になっています。「色の原子」を見る話などもあるので，美術の授業でもできます。ロバート・フック著・永田／板倉訳「ミクログラフィア図版集」（仮説社）も役立ちます。授業書とその解説は『授業科学研究』第12巻に載っています

C.　物性＝原子分子の一般的な性質に関する授業書

①　授業書《ものとその重さ》＊

仮説実験授業の中でももっとも有名な授業書で，もっとも広く利用されています。小学校1年生から短期大学にいたるまでの授業記録が発表されていますが，最適なのは小学校4年生ぐらいということになるでしょう。「ものの重さとそのはかりかた／ものの変化と重さ」の2部からなっています。旧版には，「第3部　空気の重さ」があったのですが，現在ではその部分は別の授業書に独立しています。『（仮説実験授業記録集成4）ものとその重さ』（国土社，絶版）にはくわしい解説と授業記録がのっています。板倉聖宣著『未来の科学教育』（仮説社）は，《ものとその重さ》の仮想授業記録です。また岩波映画の〈ものとその重さ〉は，授業がおわってから見せるとよいでしょう。なお，板倉聖宣著『重さに目をつけよう』（岩波書店，品切）も参照して下さい。『たのしい授業』1997年4～5月号には小5での授業記録が載っています。

②　授業書《空気の重さ》＊

『(いたずらはかせの科学の本8) 空気の重さをはかるには』(国土社，絶版)を授業書化したものです。同名の岩波映画〈空気の重さ〉もあります。映画が準備できれば「映画で授業をやって，あとで授業書でおさらいする」というふうにやった方がいいでしょう。この授業書の実験は教室でやるのはたいへんだからです。いずれにせよ，この授業書は浮力の概念を下敷きにしているので小学校5～6年以上でないとむずかしいでしょう。中学・高校でやるのもおもしろいと思います。別名「失敗失敗，また失敗」といえるほど失敗をくり返すおもしろさがあり，少し短くしたものが国語の検定教科書に収録されたこともあるので国語の授業でやることもできます。『たのしい授業』1984年1月号に中1の授業記録がのっています。

③　授業書《もしも原子が見えたなら》*

「空気中の原子と分子」という副題がついています。『(新版・いたずらはかせのかがくの本) もしも原子がみえたなら』(仮説社)をもとにして作成された授業書です。約1億倍の分子模型(実体積模型)を組立てて空気についての原子・分子論的イメージを形成しようというもので，仮説実験授業の代表的な授業書となっています。最近では，小学校1～2年からこの授業をはじめる人もいます。岩波映画の〈動きまわる粒〉も役立ちます。英語版もあります(『たのしい授業』2010年11月臨時増刊号「国際教室へようこそ」に載っています)。英語対訳版もあります。

なお，この授業書とは別に，元の絵本『もしも原子がみえたなら』の内容を全面的に盛り込んだ授業書《絵本版もしも原子がみえたなら》もあります。

小さすぎて，目には見えない空気の原子分子が見えたら，どんなふうに見えるのかということをシミュレーションした動画ソフト「シミュレーション版〈もしも原子が見えたなら〉」もあります。このソフトを作ったのは，自身が中学生の時に《もしも原子が見えたなら》の授業を受けた人です。

④　作業書《分子模型をつくろう》

《原子・分子模型作り》の授業は，いまでは仮説実験授業の重要な特色のひとつとなっています。仮説実験授業をやっている人びとは，何かとい

うと，分子模型を組立てます。由良製作所で作ったプラスチック製の立派な原子模型を組み立てることもできるようになりましたが，発泡スチロール球で1億倍の分子模型を自作することも続いています。この場合の授業の進め方をまとめたものに，平尾二三夫・板倉聖宣共著『分子模型をつくろう』（仮説社）があります。また，手芸用の丸い玉・ボンテンを使って，5000万倍の分子模型を作ることも試みられています。これは大きさが発泡スチロール球に比べて小さいのですが，色を塗ったり切ったりしなくてもいいので，とても簡単にできるのが良いところです。

⑤　授業書《溶解》*

この授業書には《ものとその重さ》と重複したところもありますが，その場合は復習のつもりでやってください。「ものが水にとけるとはどういうことか／とけたもののゆくえ／水以外の液体にとけるもの，とけないもの」の3部からなっています。①「食塩や砂糖は水に溶けてみえなくなっても，小さな粒となって存在しているのだ」という原子・分子論的な考えを教えるとともに，②「あるものはある液体によくとけるが，他の液体にはとけない」ということを確認させて，物質の多様性をも知らせようというのです。そこで，ふつうの教科書の溶解の授業内容よりずっと豊富になっています。小学校4年生前後で評判のよい授業書のひとつです。『（仮説実験授業記録集成1）溶解』（国土社，絶版）があります。岩波映画の〈溶解〉はこの授業書と直結していますのでおすすめです。

⑥　授業書《結晶》*

《溶解》の授業書のあとにとりあげることをおすすめする授業書です。「ほとんどすべての固体は，イオン・分子などが整然とならんだ結晶のあつまりからなっている」という一見たいへんむずかしそうなイメージが無理なく形成できるおもしろい授業書です。この授業書は《三態変化》の授業書の理解を容易にするほか，結晶→鉱物→岩石→地質学への展開の入口にもなっています。《ふしぎな石―じしゃく》とともに鉱物教材としておもしろいものです。小学校4〜5年で適切でしょう。『（仮説実験授業記録集成2）結晶』（国土社，絶版）に小4と中1での授業記録が載っています。また，『科学入門教育』第3号には授業書《結晶》の授業記録とそれ

⑦　授業書《粒子と結晶》*《固体と結晶》*

　授業書《もしも原子が見えたなら》固体編というべき授業書です。小学校4年生ぐらいからおとなまで，楽しく学ぶことができます。この授業書のねらいは，「ほとんどすべての固体は，小さな粒子が整然とならんだ結晶の集まりからなっている」ということを，できるだけ直観的にいきいきと納得させようということにあります。このねらいは《結晶》とほぼ同じなのですが，《粒子と結晶》ではさらに「原子分子が整列している姿を想像することで，小さすぎて見えないはずの原子や分子があたかも目に見えたように感じる」というところまでを目標にしています。

さらに，《固体と結晶》という，はじめに外形から結晶の特徴を導き出していく授業書もあります。

⑧　授業書《温度と沸とう》*

　「温度計と温度のはかり方／温度と水の沸とう／水以外の液体の沸点と分留」の3部からなっています。この第1部では温度計の誤差をとりあげて，一般的に「測定器には誤差がある」ことに注目するようになっています。第2部〜3部では「物質の沸点は物質によって一定である」ことを明確にし，沸点によって物質を区別する観点を与えることをねらっています。『仮説実験授業研究』第7集に授業書と授業記録（小4）が載っています。

⑨　授業書《三態変化》*

　原子・分子論的なイメージをもっていないと，一般的な三態変化を理解することは困難であるようです。そこで，できるだけこの授業書の前に《結晶》や《温度と沸とう》《もしも原子が見えたなら》をやっておいた方がよいでしょう。「結晶（固体）を熱すると？／気体と液体・固体／水と気象」の3部からなっていますが，第3部は少し異質なので切り離してもいいかもしれません。『(仮説実験授業記録集成5）三態変化』（国土社，絶版）があります。同書に収録されている授業記録は4年生と6年生のものです。この授業の発展として岩波映画〈動きまわる粒〉〈物質の融点〉を見せるとよいと思います。

⑩　授業書《水分子の冒険》＊

　「水」といえば，ふつうは上から下に流れるにきまっているものですが，正反対に，冒険的に上にのぼっていく水分子に着目してみると，ふだんは目に見えない「水分子が鎖のように長くつながっている姿」が見えてきます。授業書の構想は『たのしい授業』2008年6月号に載っています。板倉聖宣・福嶋昭雄『よじのぼる水』（いたずら博士の科学だいすき，小峰書店）も参照のこと。

⑪　授業書《水の表面》

　「表面張力」という言葉を使うことなく，「水の表面はゴム膜のような性質をもっている。そこで，よく注意すると，ふだん気のつかないようなことがおきることになる」という表面張力についての豊なイメージをもたせることに成功した授業書です。解説および授業記録は，『仮説実験授業をはじめよう』（仮説社）に載っています（初出は『たのしい授業』1983年7月号）。現在の検定教科書類には関係教材がほとんどありませんが，短時間でできて実験がたのしいので，小学校4年以上大学まで，どこでもたのしめます。板倉聖宣「針金のアメンボの作り方」『ものづくりハンドブック1』（仮説社）も参照のこと。英語対訳版もあります。

⑫　授業書《温度と分子運動》＊

　第1部《蒸発と分子運動》が『たのしい授業』2005年10月号（No.300）に，第2部《分子運動と寒剤のなぞ》が『たのしい授業』2005年11月号（No.301）に載っています。

⑬　授業書《空気と気圧》＊

　気圧（気体の圧力）とそれによって起こるさまざまな現象について学び，その実体についてイメージを描けるようになることをねらいとしています。また，それによって力学的自然観を培うこともねらいとしています。

D. 小学校でも教えられる力学関係の授業書

①　授業書《ばねと力》＊

もっとも白熱した討論が行われるので多くの子どもと教師の印象にのこる授業書です。しかし，かなり高度に抽象的な概念を扱うので，はじめて仮説実験授業をやろうという人にはむずかしいかもしれません。この授業書ができるようになれば，本格的な力の概念と静力学の理論を理解したことになるでしょう。小学校5年生以上ならできます。「地球の引力とばね／ふつうのものとばね／ばねやものに加わる力／3つ以上の力のつりあい」の4部からなっていますが，第4部は必ずしも十分な知識の定着を望めませんので，第3部までにとどめてもよいでしょう。この授業書に直結した岩波映画の〈力のおよぼしあい〉を見せるとさらに感動的に理解できるでしょう。また，第4部に利用できる岩波映画に〈力のたし算〉があります。これは映画を中心に授業をやってもよいでしょう。板倉聖宣『仮説実験授業―《ばねと力》によるその具体化』（仮説社）には授業書とそのくわしい解説がありますので参照してください。

② 　授業書《磁石と力》*

　小学校で《ものとその重さ》の応用問題にすることもできるし，高校で「力と反力の法則」を実験的に教えるのにも使えるというたいへん利用範囲の広い授業書で，使用学年により問題文も変更するようになっています。もっとも，一般的には《ばねと力》の中で学んだ「力と反力の法則」の応用問題としてとりあげるのが一番よいと思います。授業書とその解説は『科学教育研究』第10冊にでています。もし岩波映画〈じしゃくと力〉が準備できたら，映画で授業をする方がわかりやすいかもしれません。

③ 　授業書《まさつ力と仕事量》*

　短くてやりやすい授業書として，定評があります。《ばねと力》とは独立に授業することもでき，小学校4～5年生くらいでもできます。「まさつ力／まさつ力と仕事量」の2部からなっていますが，第1部だけやってもよいでしょう。『（授業書研究双書）浮力と密度・重さと力・まさつ力』（国土社，絶版）が出ています。岩波映画〈まさつ力〉はこの授業書の第1部にそって作られたもので，映画中心に授業をしてもよいでしょう。この授業の発展として見せてもいい岩波映画〈機関車の引っぱる力は何できまるか〉はとてもたのしい映画です。

④　授業書《滑車と仕事量》*

「便利な滑車／滑車と仕事量」の2部からなっています。仕事量の概念はかなりむずかしいようですが，簡潔で評判のいい授業書の一つです。この授業書と授業記録は，『(授業書研究双書) てこ・滑車・仕事量』(国土社，絶版) にのっています。《ばねと力》がすんでいた方がいいと思います。岩波映画〈滑車と仕事量〉は授業をやったあとで見せるとよいでしょう。

⑤　授業書《てことりんじく》*

「トルクの原理／トルクと力」の2部からなる。

⑥　授業書《重心と物体のつりあい》*

「トルクと重心／力とトルクのつりあい」の2部からなる。

⑦　授業書《天びんとさおばかり》*

「はかりとトルクの原理／さおばかり」の2部からなる。

以上3種の授業書をまとめて授業書《トルクと重心》といっています。しかし，「トルク」というのは〈力のモーメント〉と同じことですが，学校教育ではまだあまり普及していません。それに，この全部を一度に教えようとすると，かなりの授業時数を要するので，分割を原則として3つに分けて書きだしました。それぞれ，とてもおもしろい問題があります。この授業書と授業記録も，『(授業書研究双書) てこ・滑車・仕事量』(国土社，絶版) に載っています。授業書《ばねと力》とこの授業書のどちらを先にやったらよいかということは，確定していません。いろいろやってみてください。

⑧　授業書《重さと力》*

⑨　授業書《浮力と密度》*

授業書《重さと力》は，授業書《ばねと力》がすんでないときでも《浮力と密度》の授業書ができるように，とくに作成されたもので，《ばねと力》の授業の応用的まとめとしても使えます。授業書《浮力と密度》は，「浮力／密度とものの浮き沈み」の2部からなっています。これもたいへんたのしい授業になるので好評です。『(授業書研究双書) 浮力と密度・重さと力・まさつ力』(国土社，絶版) が出ています。岩波映画の〈浮力〉

は，この授業書とちがって圧力の概念をもとにしているので，いくらかちがうところがありますが，参考にはなるでしょう。

⑩　授業書《長い吹き矢，短い吹き矢》

　ストローとマッチ棒を使った簡単な吹き矢で，予想・実験を繰り返しながら，力と運動の関係を学びとろうという画期的な授業書です。この授業書によって，運動の力学がとても楽しい勉強になります。授業書案は『たのしい授業』39号にも出ていますが，『(サイエンスシアターシリーズ10)吹き矢の力学』(仮説社)のほうがわかりやすいかもしれません。

⑪　授業書《ふりこと振動》*

　これは，仮説実験授業の最初にできた授業書で，小学校5〜6年生にもたいへん評判のよい授業書です。「ふりこと振動／ふりこ以外の振動／ものをゆらせる方法」の3部からなり，動力学についてのややこしい概念・法則ぬきで固定振動の概念を獲得させるようになっています。授業書は『仮説実験授業の誕生』(仮説社)に載っていますが，いまのところ，授業記録は板倉・上廻共編著『仮説実験授業入門』(明治図書，品切)にしか出ていません。

⑫　お茶の間仮説実験《ころりん》

　〈缶ジュースなどの円筒状のものを斜面に転がす実験結果〉を予想し話しあいながら，その法則性を発見していく授業書です。学校などの正規の授業とはあまり関係のない内容なので，「専ら仮説実験授業的な力学実験を楽しみたい」という人におすすめの授業書です。島野公利・小出雅之・宮地祐司共著『(お茶の間仮説実験・楽知ん絵本)ころりん』(仮説社)という本として出ています。

●サイエンスシアターシリーズ

　サイエンスシアターというのは，小中学生とその親たちや教師たちを対象に，劇場風に豪華に科学を学ぶ集まりですが，その「シナリオ集」を元に作られたシリーズ本はそのまま，学校での授業書として利用することができます。これを使って授業をすれば，大学での授業もできるでしょう。力学関係では『アーチの力学』『吹き矢の力学』『衝突の力学』『コマの力学』(すべて仮説社)の4冊からなっています。

E．中学高校程度の物理学関係の授業書

① 授業書《速さと時間と距離》＊

　以下，三つの授業書は，動力学の入門期の授業書です。授業書《速さと時間と距離》は「速さのはかり方／平均の速さと時間と距離」の2部からなっています。瞬間速度の測定法からはいって，（速度）×（時間）＝（距離）を法則として確認するやり方を採用しています。『（授業書研究双書）力と運動・速さと距離と時間』（国土社，絶版）が出ています。

② 授業書《力と運動》＊

　中学・高校程度の動力学の授業書です。《力と運動》は「力と加速度／慣性の法則と相対性原理／質量（重さ）と力と運動／空気中での運動と真空中での運動」の4部構成になっています。『（授業書研究双書）力と運動・速さと距離と時間』（国土社，絶版）が出ています。

③ 授業書《電流》＊

　電気抵抗，電圧とオームの法則とを感動的に教える授業書で，中学・高校向き。「電気抵抗／電位差（電圧）と電流の量／〈オームの法則〉と電流計／〈オームの法則〉と回路」の4部で構成されており，授業書とその解説は『第3期仮説実験授業研究』第5集にでています。電流に関する授業書案としては，このほかに《2つの回路の結合》があります。これはパズルのような授業書で，短時間にできるので，どこかのあき時間にやるとよいでしょう。その授業書案は『仮説実験授業研究』第7集にでています。

④ 授業書《電流と磁石》＊

　磁場の概念を本格的に導入しようとする授業書で，「電流と磁石（磁場）／コイルと電磁石」の2部からなっています。小学校高学年から中学校で適当です。岩波映画の〈磁場―電流と磁石〉はこの授業書と同趣旨で作成されたものですので，おすすめです。『（仮説実験授業記録集成3）電流と磁石』（国土社，絶版）がでています。

⑤ 授業書《ものとその電気》

静電気の授業書で,「すべてのものは電気を含んでいる」ということを感動的に教えてくれます。第１部のみができていて，その授業書と解説と授業記録は『(授業書研究双書) ものとその電気』(仮説社, 絶版) に載っています。

⑥　授業書《程度のもんだい》*

「磁石につくもの，つかないもの／小さな力のはかり方／水溶液とイオン」の３部から成り立っています。だから，この授業書は「磁石」や「力」や「イオン」の授業書のようにも思えたりします。しかし，この授業書の狙いは，それらに関する知識を与えるということにあるのではなく，文字通り「程度の問題」── つまり「〈磁石につく，つかない〉とか,〈電気をよく通すかどうか〉というようなことは，程度の問題である」ということを明らかにすることにあります。仮説実験授業はふつう教師実験が中心になっているので，しばしば「生徒たちの探究心を養成することにならない」という人がいますが，そんな教師にはぴったりの授業書といえるでしょう。この授業書をやると，教師も生徒も，いかにも「探究している」といえそうな授業が展開するでしょう。この授業書と解説は,『第３期仮説実験授業研究』第３集（仮説社）に収録されています。

⑦　授業書《磁気カードの秘密》

「磁気カード」はいろいろな場面に登場します。そのなぞ解きをしようという授業書で，気軽に授業したいときにおすすめです。磁気に関する面白い実験と，二進法その他を利用して数量を表示する工夫が主役です。授業書とその解説は,『実験観察自由研究ハンドブック１』(仮説社) に収録されています。

⑧　授業書《電子レンジと電磁波》*

電磁波は目に見えないので，感動的に教えることは困難でした。しかし,「その〈目に見えない電磁波〉も，電子レンジを利用すると目に見えるように感動的に教えることができる」ことを示した感動的な授業書です。この授業書は,「電子レンジとマイクロ波／マイクロ波は自由電子／光線とマイクロ波─いろいろな電磁波」の３部からなっています。「マイクロ波」とか「自由電子」などという言葉が出てくるので，いかにも難し

そうにも思えるでしょうが，前提知識をほとんど必要としないので小学生にも教えることができます。電子レンジは身近な存在で，アッと驚くような実験が続きます。もちろん，家庭科でも教えることができますし高校の物理でも教えることができます。授業書と授業記録は，『たのしい授業』のNo.96臨時増刊号に掲載されています。サイエンスシアターシリーズ『電子レンジと電磁波——ファラデーの発明物語』（仮説社）もあります。

⑨　授業書《偏光板の世界》

　この授業書は「音と光と電波／偏光板の世界／自然の中の偏光／偏光板でのいろいろな実験と話」の4部からなっており，その間に「テレビアンテナ物語／フリッシュさんの大発見」という比較的長い話を折り込んでいます。つまり，この授業書は，光の波動説を正面から教えながら，偏光板でできる不思議で面白い実験の数々を紹介するようになっています。高校物理で光の波動説を教えるときのほか，小中高等学校の理科＝科学クラブでも取り上げるといいでしょう。授業書は『第3期仮説実験授業研究』第7集（仮説社）に掲載されています。サイエンスシアターシリーズ『偏光板であそぼう』も出ています。

⑩　授業書《光のスペクトルと原子》

　「色とスペクトル／原子とスペクトル／太陽と星のスペクトル」の3部からなり，簡単な回折格子を使って光のスペクトルを観察していくことを中心として授業が展開します。授業書そのものはまだ完成していませんが，『（サイエンスシアターシリーズ）光のスペクトルと原子』（仮説社）を見れば，授業の展開の仕方を知ることができるでしょう。

⑪　授業書《電池であそぼう》

　しろうとのための電気学入門です。専門家でもマニアでもないごくふつうの人びとでも知っておいたほうがよさそうなことを，素人的発想でわかりやすく考えをすすめられるような問題の系列のミニ授業書。『電池であそぼう』（仮説社，品切）として出ています。

⑫　授業書《磁石につくコインつかないコイン》

　ミニ授業書『磁石につくコインつかないコイン——その物理学と社会学』（仮説社，品切）として出ています。日本や外国のコインが磁石につ

くかつかないかという話から，電磁誘導や自動販売機の話しへと広がる授業書です。知ると「科学や社会を見る目が広がった」と思えるたのしい授業書です。

F．化学・生物・地学関係の授業書

① **授業書《いろいろな気体》***

《もしも原子が見えたなら》の続きとしてつくられた授業書です。窒素・酸素・二酸化炭素・水素・塩素といった気体をとりあげ，各気体に共通な性質と，個々の気体に特有の性質とを知らせるものです。『（授業書研究双書）いろいろな気体・燃焼』（国土社，絶版）をごらんください。なお，『たのしい授業』の1983年8月号には，ドライアイスを使った〈見えない気体をつかまえよう〉という授業書案が載っています。

② **授業書《燃焼》***

《もしも原子が見えたなら》や《いろいろな気体》の中でえがいてきた気体の分子のイメージを使って，原子・分子のとびまわる様子を想像しながら「燃焼」という現象を明らかにしていく授業書です。「金属の燃焼／ふつうの燃料の燃焼」の2部からなっており，小学校5～6年から中学生に好評です。『（授業書研究双書）いろいろな気体・燃焼』（国土社，絶版）には，実験上の注意などもくわしく書かれていますから，参考にしてください。《燃焼'16》もあります。

③ **授業書《爆発の条件》***

この授業書のねらいは，「物質の変化が起きている様子を分子や原子の動きでイメージできるようになること」です。〈原子のぶつかりのイメージ〉は，化学反応を考える上での基礎となるものです。この意味において，原子論による本格的な化学教育入門となっています。

④ **授業書《錬金術入門》**

ふつうの化学教育は，はじめからラヴォアジェの元素論を前提にして始められていますが，この授業書はそのラヴォアジェ以前の錬金術の考え方だけで，金属を分類するという新しい試みで，化学実験のたのしさを伝え

てくれます。『科学入門教育』の第2号（1983年10月）に授業書案と記録がでています。

このほか化学関係では，授業書《塩（えん）》の第1部「イオンと遊ぼう」の授業書案が『仮説実験授業研究』の第3集に載っています。また，《イオンと食べもの》と《食べものとイオン》もあります。

⑤　授業書《原子とその分類》*

「身近な原子のいろいろ／25種の原子の分類」の2部からなり，化学でいろいろな原子・元素の性質を各論的に教える前に，原子・元素の性質を大まかに見渡しておこうというものです。これまでの化学教育にはこのような意図をもった教材はありませんでしたが，これによって，子どもたちは次々と出てくる原子に恐怖感をもたずにすむでしょう。中学・高校程度の化学物理入門に最適です。『たのしい授業』30号（1985年9月号）に授業書が紹介されています。この授業書には付属するものとして，「原子の立体周期表」がつくられており，そのくわしい解説は板倉聖宣著『原子とつきあう本』（仮説社）に載っています。

⑥　授業書《熱はどこにたくわえられるか》

授業書とその解説は『科学入門教育』の第1号（1983年7月刊）に載っています。熱容量の実験をとおして，原子と熱の関係を浮かびあがらせるようにできています。『熱はどこにたくわえられるか』（やまねこブックレット教育4，仮説社）に授業書とその解説と小学5年生の授業記録が載っています。

⑦　授業書《生物と細胞》*

どんな生物教育でも細胞をもっとも基本的な概念として教えていますが，その普遍性を感動的に教えようとはしていません。その欠陥を突いたのがこの授業書です。生物の教師でも，この授業書によってはじめて〈細胞が生物をつくる普遍的な基本物質だということがはじめて分かった〉という人が少なくありません。この授業書は，「生物と細胞／細胞と生物」の2部からなっていて，その授業書の全文が，『生物と細胞―細胞説をめぐる科学と認識』（仮説社）に詳しい解説とともに紹介されています。

⑧　授業書《生物と種》*

生物教育では，種の概念が基本なのに，「種の概念を正面から教えてくれる教科書・参考書はない」といっていい状態です。種の概念は，学者によって微妙に違うところがあるからでしょう。しかし，それらの違いを越えて共通する認識がないわけではありません。そこで，ついに誕生したのがこの授業書です。この授業書は，「生物の名前と種／生物の種と品種改良／生物の種と進化」の3部からなり，その全文と詳しい解説は，『第3期仮説実験授業研究』第6集に収録されています。なお，板倉聖宣著『白菜のなぞ』（仮説社）はこの授業書の副読本にあたりますので，参照して下さい。

⑨ **授業書《ダイズと豆の木》***

「ダイズと私たちのくらし／ダイズの発芽／発芽の条件／豆のいろいろ／ふろく」の5部からなる授業書です。各部はかなり独立しているので，好きなところだけでも取り上げて気軽に授業できます。

⑩ **授業書《地球》***

「地球の表面／地球の中をのぞいたら」の2部からなる授業書で，『仮説実験授業をはじめよう』（仮説社，初出『たのしい授業』1983年3月号）に載っています。中学・高校の地学の授業の最初に取り上げるのにぴったりですが，小学校高学年以上なら十分教えることができるでしょう。

⑪ **授業書《不思議な石，石灰石》***

この授業書は《もしも原子が見えたなら》をすでに学んでいる小学校高学年から大人までを想定しています。「はじめての鉱物学と化学」という副題がついていますが，それは，鉱物学と化学について，「それぞれの専門的体系的な知識の初歩を教える」ということではなく，「〈石灰石〉という不思議な性質をもった石についてたのしく学びながら，初めて触れる鉱物の世界，化学の世界に興味を持ってほしい」という願いを示しています。

G. 社会の科学 1
―日本の地理・歴史関係の授業書―

第5話　どんな授業書があるか　G.日本の地理・歴史　131

① 　授業書《日本の都道府県》

　仮説社から『(ミニ授業書)日本の都道府県—と，日本の中の〈国〉の話』として市販されています。第1部は現在の日本の都道府県全体を概観して，その2/3以上を覚えてしまえるように配慮してあります。第2部は，信濃の国とか，出雲の国といった「昔の国名」の話で，今日では不要ともいえるのですが，実際にはいろいろなところに出てくるので，生徒たちが興味をもったら教えてもいいのではないか，というものです。小学校高学年の生徒にこれを教えると，とても高級なことを教わったような気がして結構覚えてしまうようです。

　この冊子をもとに，より授業で使いやすくした授業書案が，『たのしい授業』2017年4月臨時増刊号『子どもの頭が動きだす社会科授業プラン』に載っています。

② 　授業書《ゆうびん番号》

　ゆうびん番号の規則性を手掛りに，日本の地理を概観するたのしい授業書です。この授業書は『たのしい授業プラン社会』(仮説社，品切)に載っており，その後〈でんわ番号〉の授業書も開発されています。

③ 　授業書《沖縄》

　日本の中で，もっとも異質な県が沖縄です。その沖縄を知ると「日本の中にもいろいろなところがある」ということが実感できるでしょう。そんな訳で，数ある都道府県の中でもとくに沖縄だけのミニ授業書が作られたというわけです。「沖縄の地理／沖縄の歴史／太平洋戦争以後の沖縄」の3部構成です。落合大海著『(ミニ授業書シリーズ)沖縄』(板倉聖宣監修，キリン館)があります。

④ 　授業書《日本歴史入門》

　これは，「人口と米」を中心にして日本歴史を概観する授業書で，社会の科学に関する授業書として最初にできたものです。「人口と時代—江戸時代／人口と時代—近現代／米と人口／江戸時代の前期」の4部で構成されていて，小学校高学年以上，中学・高校や大学・社会人にも利用できます。授業書は仮説社から『日本歴史入門』という冊子として市販されています。これに関連した読み物「江戸のタクシー〈辻かご〉のはじまり」

（『授業科学研究』第11巻）も参照のこと。板倉聖宣著『歴史の見方考え方』（仮説社），同著『日本史再発見』（朝日新聞社）がいい参考資料となっています。

⑤　歌って覚える歴史唱歌

　日本歴史の中で，各時代の重要な特徴を歌の形にして覚えるようにした授業プランです。その歌の歌詞と授業の進め方は，『たのしい授業プラン歴史』（仮説社，品切）に収録されています。

⑥　「日本歴史略年表」

　仮説実験授業関係者の日本歴史の授業では，独特な略年表を使って授業をするのがふつうになっています。これについても，『たのしい授業プラン歴史』をご覧ください。

⑦　授業書《おかねと社会》

　これも，板倉聖宣著『おかねと社会——政府と民衆の歴史』（仮説社）という単行本になっています。古銭の値段などを手掛かりに昔の日本の貨幣の歴史をたどり，「政府もまた経済の法則に従わざるを得ない」ということなどをあきらかにして，社会にも法則性があることを教える社会科学入門の授業書です。中学の社会科の日本歴史のところでとりあげるほか，高校の経済・社会の授業にもとりあげられています。

⑧　ミニ授業書《鹿児島と明治維新》

　仮説社から『(ミニ授業書)鹿児島と明治維新』と題して市販されています。授業書《日本歴史入門》では，明治維新が大きな変革の時代であったことを扱いますが，その明治維新の矛盾した性格を明らかにしたものです。かなり特殊なものですが，小冊子なので，気軽に授業できるでしょう。『子どもの頭が動きだす社会科授業プラン』（『たのしい授業』2017年4月臨時増刊号）にも載っています。

⑨　授業書《日本の戦争の歴史》

これも，板倉聖宣・重弘忠晴共著『日本の戦争の歴史——明治以降の日本と戦争』（仮説社）として市販されています。これまでの戦争の歴史の本というと，「戦争の興奮」を再現させたり「戦争の悲惨さ」を訴える本か，「戦争の原因」を説く本が大部分で，とかくイデオロギーが先行しがちで

す。しかしこの授業書では，誰でも認めざるを得ない客観的な事実だけを提示して，これまでの戦争の歴史を冷静に見る立場を確立したといえるでしょう。思いのほかに多くのクラスで授業されています。

⑩ 授業書《えぞ地の和人とアイヌ》

これも，板倉聖宣著『えぞ地の和人とアイヌ―二つの民族の出会い』（仮説社）として市販されています。和人＝日本人は，もともとアイヌの人々の土地だったえぞ地＝北海道に，どのようにして入り込み，住みつくようになったのでしょうか。その歴史を見ながら，いまも地球上の各地で〈民族の違う人びととの間での争い〉が続いています。そういう問題をどう考えたらいいのか，というヒントともなればと考えて書かれたミニ授業書です。

⑪ 〈名産地〉〈自給率〉〈量率グラフの世界〉など

以上のほか，仮説実験授業特有のとくに定評のあるものとしては，〈○○の名産地〉〈自給率―食料と工業〉〈量率グラフの世界〉などの授業があります。〈○○の名産地〉の授業は，ふつう授業書なしで行われますが，その授業の進め方は，『たのしい授業』161号の「スイカの名産地」などを参考にして下さい。この授業は，松崎重広さんたちが作られている「名産地地図」を使って授業すると便利です。『子どもの頭が動きだす社会科授業プラン』（『たのしい授業』2017年4月臨時増刊号）にも「〈○○の名産地〉の授業」が載っています。〈自給率〉は食料も工業も時とともに大きく変動するので，いま大改訂版を作成中です。〈量率グラフの世界〉については，『たのしい授業プラン社会』（仮説社）と松崎重広著『社会を見直すメガネ』（国土社，絶版）を参照して下さい。

⑫ 新総合読本の中の日本史関係の読み物教材

「国語」の項の〈新総合読本〉の中には，「現金掛け値なし」「長野における〈正札商法〉のはじめ」「伊勢の商人と江州商人」など，日本史に関する読み物も含まれていることに注意して下さい。

H．社会の科学 2
―世界の地理・歴史関係の授業書―

① 授業書《世界の国ぐに》

この授業書は，板倉聖宣著『世界の国ぐに──いろいろな世界地図』（仮説社）として市販されています。「いろいろな世界地図／大きな国と小さな国／連邦国家／世界の国ぐにで使っている言語と国名」の４部からなっています。第１部には「地図の中の主な国ぐにを覚えてしまおう」という副題がついています。「面積の広い国／人口の多い国／GDPの多い国／国民一人当たりのGDPが大きい国／日本との貿易額が多い国／世界の独立国の数の変遷などを概観し，とくに重要なことは覚えてしまおう」というのです。本書がでる前には，そんなことを概観するような授業はほとんどなかったのですが，最近は世界地理の最初にそういう授業をやるところも増えてきたようで，とても好評です。

② 授業書《世界の国旗》

この授業書も，板倉聖宣著『世界の国旗──世界の地理と歴史を考える』（仮説社）として市販されています。「国旗など教えても仕方がない」という人もいることでしょうが，「似ている国旗・似てない国旗／政府の国旗と国民の国旗／世界の人々は何色の国旗が好きか／変わる国旗・変わらない国旗／世界の大国の国旗一覧」の５部からなるこの授業をやると，「国旗は世界の国ぐにを概観する上でとても有効な手段となる」ということが分かってきます。国旗に色塗りしたりしながら進むこの授業は，小学生から大学生までに歓迎されています。小学５年生の授業記録が，『子どもの頭が動きだす社会科授業プラン』（『たのしい授業』2017年４月臨時増刊号）に載っています。

③ 授業書《焼肉と唐辛子》

　外国の中で，もっとも近い国が韓国＝朝鮮です。そこで，その国の歴史を簡単に見ておこうというミニ授業書です。仮説社から『（ミニ授業書）焼肉と唐辛子──朝鮮＝韓国人とその歴史』と題した小冊子として市販されていて，はじめに「朝鮮＝韓国語の語順／朝鮮と韓国」について見たあと，「焼肉／唐辛子とコショウ」の２部からなっています。

④ 授業書《はじめての世界史》

第5話　どんな授業書があるか　H．世界の地理・歴史　135

　仮説実験授業の授業書には《世界史入門》と称したものが2種類ありました。その一つは，次に紹介する授業書《世界が一つになってきた歴史》で，もう一つが『第3期仮説実験授業研究』第4集に発表された「授業書《世界史入門》の構想」です。後者は，世界史をはじめて学ぶ生徒たちに，はじめに世界史のアウトラインを概観させておこうという授業書で，「世界の文明の中心をさかのぼる／時代区分を元に歴史を見直す／私たちの習慣・知識・身近なものの起源をさぐる」の3部からなっています。

　その構想がようやく，授業書になりました。《はじめての世界史——貿易から見たこれからの世界》です。授業書とその解説は，『第3期仮説実験授業研究』第10集に掲載されています。

⑤　**授業書《世界が一つになってきた歴史》**

　『たのしい授業』No.31～36に《世界史入門—木綿の生産と国際貿易と政治》という授業書が連載されたことがあります。それは，当時すぐには完結しなかったのですが，最近，授業書《世界が一つになってきた歴史》と改題増補されて，本格的な完成作業が始まっています。その授業書は「日本の歴史と木綿／木綿の世界史のはじまり／世界を一つにした木綿／生糸の名産地の移動／砂糖・自動車その他の世界商品の歴史」と《はじめての世界史》といったものになる予定です。

⑥　**グラフ入門《対数グラフの世界》**

　この授業書は，板倉聖宣・井藤伸比古共著「グラフ入門《対数グラフの世界—日本と世界の自動車生産》」（仮説社，品切）として市販されています。対数グラフ用紙付きです。対数グラフそのものは数学教育の対象ともいえますが，対数グラフは社会の数量的な現象を見るときにとても役立つので，社会の科学の授業の入門期に教えておくと効果的だと思います。

⑦　**授業書《コインと統計》**＊

　「数百枚という限られた枚数のコインの発行年を調べて，各年のコインの発行枚数を推定する」という数学の「大数の法則」を実験的に明らかにしようという授業書で，出口陽正著『実験できる算数・数学』（仮説社）に紹介されています。

⑧　**《オリンピックと平和》**

この授業書は,『たのしい授業』1996年5月号（No.168）と2004年5月号（No.281）に載っています。世界中の国ぐにの人びとが平和に競うオリンピックが続いていますが, 世界は決して平和とはいえない状況です。このオリンピックの授業を通して, もう一度オリンピック本来の趣旨を考えてもらいたいという願いを持ってつくられた授業書です。仮説社からミニ授業書として出ています。

⑨　授業プラン『ハングルを読もう』

　このプランは,『となりの国の文字 ハングルを読もう』（仮説社）という本として出ています。日本に一番近い国, 韓国＝朝鮮で使われている文字が「ハングル」です。このプランで, ハングルが読めるようになると, おとなりの国がぐっと身近に感じられるようになることでしょう。小中学校の授業に使えるように, みんなで予想を立てて謎解きをするように, たのしく読み進めるようになっています。

⑩　授業書《二つの大陸文明の出会い》*

　異なる文明が出会うことで豊かになってきた世界史。栽培植物を中心に, 地理, 歴史, 動物におよぶ問題とお話の授業書です。理科でも社会の時間でもできます。第1部「両大陸の食物の出会い──アメリカ大陸がなかったら」食物の出会い／アメリカ大陸原産の穀物は？／3大イモ類の原産地／米と小麦の原産地は？／トマトとトウガラシはアメリカ原産か／アメリカ大陸がなかったら, ほか。第2部「インディオのその後」先住民はアメリカ大陸のどの辺に住んでいたか？／現在でも国民の過半数が先住民または彼らとの混血という国はあるか？ほか

『たのしい授業』2008年1月号・2月号（No.332-333）に発表されています。解説もあります。

⑪　授業書《あかりと文明》*

　社会と灯用油のかかわりを見ていく授業書です。古代ギリシャでは〈オリーブ油のあかりがもたらした豊かな社会〉が, 進んだ科学研究の背景となったと考えられます。そしてその後も栄えた地域には,〈あかり用の油の生産〉が密接に関わっています。〈あかりと油の広がり〉を見ると, 国や地域の発展の歴史が見えてきます。『いたずら博士の科学だいすき1 あ

かりと油』（板倉聖宣・阿部徳昭，小峰書店，2012）がある。

I. 社会の科学 3
―社会の科学・道徳・公害の授業書―

① **授業書《社会にも法則があるか》**

　この授業書は，『たのしい授業』No.178に，授業書案〈社会の科学入門〉第1部として，長岡清さんの発表されたもので，「誕生日」の統計法則を問題にしたものです。『社会にも法則はあるか』（長岡清・板倉著，仮説社）に収録されています。

　その後，この授業書をもとに，「死亡編」「行動編」を加えて発展させた授業書案〈社会にも法則はあるか〉を，竹田かずきさんが『たのしい授業』2018年7〜9月号に発表しています。

② **授業書《三権分立》**

　「誕生日の統計法則」が〈社会の科学入門〉の授業書の第1部となるとしたら，この《三権分立》という授業書は，その〈社会の科学入門〉の第2部に相当するものと考えていいかもしれません。この授業書は『たのしい授業プラン社会』（仮説社，品切）に収録されています。また，『（ミニ授業書）入門・日本国憲法と三権分立』（板倉聖宣監修／竹田かずき・長岡清著，仮説社）に収録されてもいます。

③ **授業書《生類憐みの令―道徳と政治》**

　「生類憐みの令の範囲／生類憐みの令の成果―犬の場合／生類憐みの令の起源と継続・廃止」の3部からなり，道徳と規制，善悪と政治の関係を考えさせる授業書です。道徳・社会科・ホームルームの時間の授業に使えます。この授業書も，「社会の科学入門シリーズ」の一冊として，板倉聖宣『生類憐みの令―道徳と政治』と題して仮説社から市販されており，一般的な解説のほかに，授業用の授業書が付録となっています。授業記録は『たのしい授業プラン社会』（仮説社，品切）に収録されています。

④ **授業書《禁酒法と民主主義》**

　これも板倉聖宣著『禁酒法と民主主義―道徳と政治と社会』（仮説社）

という単行本になっています。「はじめに」のあと「日本の禁煙・禁酒運動／アメリカでの禁酒法の実施／アメリカの禁酒法の廃止」の3部からなり，《生類憐みの令》と対をなす授業書です。同じく道徳・ホームルームや高校の倫理社会の授業に使えます。この授業記録も『たのしい授業プラン社会』に収録されています。

⑤　授業書《差別と迷信――被差別部落の歴史》

　住本健次・板倉聖宣著『差別と迷信―被差別部落の歴史』（仮説社）として市販されています。最近の研究成果にもとづく「被差別部落の歴史」を分かりやすくまとめたものですが，従来の同和教育を一変させて，同和教育をもたのしい授業にする道を開いた画期的なものです。「近世の被差別部落／身分と差別／迷信と差別」の3部からなっており，詳しい解説もついています。これについては，『たのしい授業』のNo.158に掲載された住本健次「たのしい同和教育をめざして」も参照して下さい。

⑥　授業書《洗剤を洗う》

　公害関係の授業書として最初にできたものです。合成洗剤と石けんの働きと性質を「予想→実験」の手法で理解させ，環境破壊をまねく合成洗剤から，安心して使える石けんに切り換える必要性を知らせるような形になっています。小学校上級や成人向きの授業に用いられて好評です。授業書とその解説は『仮説実験授業研究』第4集にでています。なお，この授業書の実質的な改訂版ともいうべきものが本になっています。城雄二著『もう，毎日が洗たく日』（仮説社，絶版）です。これは対話形式で話がすすむようになっているほか，洗剤関係の資料も掲載されています。

⑦　授業書《たべものとウンコ―地球はひとつ》*

　自然界を「原料と廃棄物」という一つの大きな視点から統一的にとらえることによって，自然界の物質循環・相互関係をしぜんに理解させることをねらった授業書で，小学生にも好評です。授業書と授業記録（小5）は『仮説実験授業研究』第2集に載っています。吉村七郎著『リサイクル社会が始まった』（ほるぷ出版，品切）も参照するといいでしょう。

⑧　授業書《たべもの飲みもの，なんの色》

　「市販の飲み物で染物ができる」という実験を中心に食品公害を見直す

必要をとりあげた〈ジュースにはいっているもの〉は，『ひと』第25号（1975年2月号）に掲載され，その堀江晴美さんの授業記録（小4）は大きな反響をよびました。その改訂版が，吉村七郎さんの記録（小6）とともに『ひと』（1979年10月号）に掲載されており，『たのしい授業』の1983年10月号には新しい材料による授業記録が載っています。

⑨　授業書《ゴミドン》《ゴミと環境》＊

　ゴミ公害の授業書で，広島版と東京版などがつくられています。広島版の授業書と授業記録（小3）が『仮説実験授業研究』第6集に載っています。吉村七郎著『リサイクル社会が始まった』（ほるぷ出版，品切）は，「環境を考えるカギ＝食べものとうんこ／くらしとゴミ／すてればゴミ，分ければ資源」の3章からなっていて，大人対象にも授業できるようになっています。

⑩　授業書《日本国憲法》

　ミニ授業書『入門・日本国憲法と三権分立』に載っています。「入門」とあるように，日本国憲法にはどんなことが書いてあるのか，ということに限定した授業プランです。中学での授業記録が『子どもの頭が動きだす社会科授業プラン』（『たのしい授業』2017年4月臨時増刊号）に載っています。

⑪　授業書《靖国神社》

　ミニ授業書『靖国神社――そこに祀られている人びと』に載っています。「靖国問題」を考えるためのもっとも基礎的な事実，〈多くの人々が知っておきたいと思い，立場を異にする人びとでも共通に「事実」として認めざるをえない事実だけ〉を提供するミニ授業書です。

⑫　授業書《徴兵制と民主主義》＊

　一見「非民主的」に思える〈徴兵制〉は，実は民主政治と関係が深い制度。民主主義の国では，〈国も軍隊も戦争も国民のもの〉。「徴兵制を通じて「民主主義とはなにか」を考えていくための授業書。『たのしい授業』2012年8月号（No.396）に載っています。

⑬　授業書《統計と社会―社会にも法則はあるか》＊

　ねらいは，「〈社会にも法則がある〉ということを感動的に知る」ことで

す。1600年代に「人の生死にも法則性がある」ということが発見され，統計学が生まれました。それは，「社会も数量的に研究することができる」という発見でもありました。

⑭ 道徳の授業プラン

『たのしい授業』に掲載されて好評だった道徳の授業プランを収録した書籍『たのしい授業プラン道徳』が出ています。「うさぎとかめ」「鉄塔を登る男」「少年犯罪を考える」「近頃の若者は」「指揮者のミス」などのプランの他に，読み物も載っています。また，『生きる知恵が身に付く道徳プラン集』（仮説社）も出ています。「長所・短所」「卵は立つか」「ともだち」などのプランや読み物が載っています。そして，『道徳大好き──子どもが喜ぶ道徳プラン集』（『たのしい授業』2018年4月臨時増刊号）も出ました。〈ミスしたときに〉〈ライバル〉〈うそつきノンちゃん〉などのプランが載っています。

⑮ 新総合読本の中の《社会の科学》読み物

社会科教育の中では，読み物教材も重視する必要があります。別記，新総合読本の中には，「社会の統計法則の発見」「おさつの発明」「最初の不換紙幣」「郵便制度の改革」「公共図書館の発明」「道路の形」など，独特な《社会の発明発見物語》の教材が開発されてあるし，そのほかに，「(60年前の発明発見物語) 自動車の話」「流言飛語」「フローレンス・ナイチンゲール」「フランクリンの生涯」などの社会の科学に関する読み物教材があるので注意して下さい。

J．算数・数学の授業書

① 授業書《つるかめ算》

この授業書は，新居信正著『つるかめ算─楽しい文章題への道』（仮説社，品切）という単行本になっており，「つるかめ算の起こり／名探偵への道─ぼくも私も名探偵／名探偵への道─その2／犯人を追っかけろ，つかまえろ／習熟への道─文章題に挑戦しよう」の5章から構成されています。「つるかめ算」という「悪名高い」が，またある人々にとっては「た

のしい思い出」の「算術教育」の伝統を，だれにでもわかり，しかもたのしい《方程式入門》の授業に仕立て上げた授業書で，小学校高学年でも中学校でも利用できます。

② 授業書《量の分数》 ③ 授業書《分数の乗法》 ④ 授業書《分数の除法》

　徳島の新居信正さんが中心になって作ってこられた授業書で，《分数の乗法》は『科学教育研究』第2冊に，《分数の除法》は『科学教育研究』第3冊および『仮説実験授業研究』第5集に載っています。また，《量の分数》は『科学教育研究』第5冊にのっていますが，その後大きく改定され，新居信正・荒井公毅著「算数えほん」（全5巻，国土社，品切）として刊行されています。（1～3巻：分数，4～5巻：割合）

⑤ 授業書《かけざん》

　高村紀久男・喜久江御夫妻の作られた小学校低学年向きの授業書です。『仮説実験授業研究』第9集に載っています。

⑥ 授業書《2倍3倍の世界》*

　「コピー機の倍率／相似な図形の面積／ハンパな数の計算と実験／相似な図形の体積」の4部と「付録・アリとノミの話」からなっています。「数学は理科と違って実験ができないから，感動的な授業ができない」という数学の教師はぜひこの授業をやってみて下さい。『たのしい授業』No.125に「授業書《2倍3倍の世界》とその解説」と授業記録が載っています（出口陽正著『実験できる算数・数学』（仮説社）に収録）。この授業書は小学校高学年から高等学校まで歓迎されます。

⑦ 作業書《電卓であそぼう》*

　電卓はかなり普及していますが，まだほとんどの人は，その効果的な使用法や面白い性質を知りません。そこで，電卓の使い方を教えながらその面白い性質を教える作業書です。その作業書は『たのしい授業』No.89, 90に連載されています。中学生から高校生に喜ばれるほか，社会人にも喜ばれる授業ができます（出口陽正『実験できる算数・数学』に収録）。

⑧ 授業書《広さと面積》*

　「広さと面積／面積の計算／生活の中にある広さと面積」の3部からな

っています。ふつうの算数の本などには，「面積というのは広さのことです」としていますが，私たちがふだん使っている「広さ」という言葉は「面積」と必ずしも同じではありません。この授業書は，その点に着目して，この二つの言葉のもつ内容を仮説実験授業の授業書に仕立てたものです。「授業書《広さと面積》とその解説」は，『第３期仮説実験授業研究』第４集に掲載されています。

⑨　授業書《勾配と角度》*

　生活的には角度より勾配という概念のほうが役立つのですが，最近の算数・数学教育では勾配を教えません。そこでその勾配の概念を復活させる授業書です。「角度・水平・勾配／角度と分度器／視覚と錯覚」とからなっていて，小学校高学年から中学校で授業すると「数学って役立つんだねえ」と感心されることが分かっています。その授業書とその解説は，『数量的な見方考え方』（板倉聖宣著，仮説社）に載っています。

⑩　授業書《図形と角度》*

　数学の証明の授業はほとんど全員の中学生に嫌われているといいます。それは証明の授業を「仮説」抜きにやるからだ，というので作成された「仮説証明授業」の最初の授業書です。「直線／三角形と四角形／平行線と角度／三角形の角の和のなぞ／四角形・五角形……の内角の和」からなり，楽しい授業が実現できることが明らかにされています。授業書とその解説は，『数量的な見方考え方』（板倉聖宣著，仮説社）に載っています。

⑪　授業書《円と角度》*

　初等幾何学の「円周角の定理」の証明を中心とした，数学の論理のたのしさや不思議さをとりあげています。中学生を対象にした，《図形と角度》と《図形と証明》の中間的な位置の授業書です。《図形と角度》をやっておかなくてもできるように構成していますが，できれば《図形と角度》をやっておいた方がいいでしょう。

⑫　ミニ授業書《円と円周率》*

　簡単にできる実験や作業と数学史的な読み物を通して，円に関係する不思議な数としての円周率に目を向けてもらうことをねらいとした短い授業書です。

⑬　ミニ授業書《円の面積》*

　実験や作業を通して，円の面積にまつわる数学的な発想や知恵の楽しさを感じられるように構成しています。

⑭　授業書《図形と証明》*

　三平方の定理＝ピタゴラスの定理を中心に「証明」の面白さ・素晴らしさを感動的に知らせることに成功した授業書です。多くの中学校・高等学校の授業を経て，証明の授業もたのしくなりうることが明らかになっています。『第3期仮説実験授業研究』第8集に掲載されています。

⑮　授業書《落下運動の世界》*

　《落下運動の世界》というと，力学の授業書のようにも思われるでしょうが，この授業書は落下運動について予想と実験を繰り返しながら，自然現象が見事に数学的な法則性に従っていることを確認させることによって，数学の素晴らしさを感動的に味あわせようという授業書です。これも出口陽正さんの作成された授業書で，多くの中学校・高等学校の授業を経て，意図通りの成果を挙げられることが証明されています。『第3期仮説実験授業研究』第9集に掲載されています。

⑯　授業書《本当の数とウソの数》*

　いろんなところで目にする「数」というものは，何らかの目的意識のもとに行われた測定の結果得られたものです。そして，すべての測定には誤差がつきもので，得られた数はもともと〈あやしげな数〉なのです。そこで，〈測定に誤差はつきものである〉〈本当の数量を求めるのは，そんなに簡単なことではない〉というような数量に対する基本的な認識を授業でとりあげようというのが，この授業書の大きなねらいの一つです。
第1部　歩測と距離／第2部　本当の数とウソの数
『たのしい授業』2000年6・7月号（No.226・227）に解説とともに載っています。

⑰　授業書《1と0》*

　《ほとんどすべての人たちが関心を持てるような「1」と「0」の話題に着目して，〈数量的な見方〉や〈グラフ論の基礎〉を教育することを意図して作成された授業書です。小学校高学年から大人までです。

第1部　1とは何か／第2部　0とは何か／第3部　グラフと〈1と0〉『第3期仮説実験授業研究11』に解説，授業記録とともに載っています。

⑱　**授業プラン（算数書）《割合》** *

　このプランのねらいは，〈2つの同種の量を比べて，その関係を表す数〉として〈割合〉（倍）の構造をたのしく理解することです。さらに，日常生活の中でしばしば使われる百分率や歩合の意味や使い方を知ることも狙いとしています。

●『**たのしい授業プラン算数・数学**』『**子どもがよろこぶ算数・数学**』

　『たのしい授業』臨時増刊号として出ました（2001年11月臨時増刊，2009年11月臨時増刊）。《勾配と角度》《図形と角度》の解説や授業記録，そして算数数学に関する論文などが載っています。

K. 国語・外国語などの授業書

　国語でも授業書らしい形式をもっているものに，次のものがあります。

①　**授業書《漢字と漢和辞典》**

　『授業科学研究』第8巻，『漢字とつきあう本』（2013年4月臨時増刊）に授業書とその解説が載っています。

②　**授業書《漢字の素粒子と原子》**

　「字素と漢字／漢字を原子に分解しよう」の2部からなる授業書です。その授業プランと授業記録（小4）は『たのしい授業プラン国語1』に載っています。

③　**《道路標識》の授業**

　板倉聖宣著『記号のなぞとき』（岩波書店，品切）から「道路標識」の部分だけを取り出した授業ですが，小学校低学年から中学生まで教えることができるでしょう。これは，文法教育入門として，すべての教科の基礎になるともいえるものです。『たのしい授業プラン社会』（仮説社，品切）に藤森行人さんの授業記録が載っています。

④　**授業書《変体仮名とその覚え方》**

　ひら仮名の字体には1910年頃まで，今日用いられている文字とは違う

文字が300文字ほど使われていました。それらの文字の知識は，今日の文章を読む上ではまったく不要ですが，少し古い文書や石碑などに書かれている文字を読むときに必要になります。そこで国語や日本史の教師なら，それらの文字を読めたほうがいいのです。ところが，これまではいい入門書がないので，なかなか習得できませんでした。しかし，『たのしい授業』No.63〜67号には《変体仮名入門》として授業書風にしたその覚え方が連載されています。とりあえずは教師向けの授業書として活用して下さい。『変体仮名とその覚え方』（板倉聖宣著，仮説社）として出ています。

⑤　授業プラン《読点の世界》

　日本語の文章は，句読点の打ち方によって読みやすさが大きく変わります。ときによって句読点の打ち方によって，同じ文字の文章の意味が反対になってしまうことさえあります。そういうことを意識化させて，日本語の文章の面白さと表現上で注意すべきことを教えようとするプランです。宮内浩二さんのプランで，『たのしい授業プラン国語１』に載っています。

● **『たのしい授業プラン国語』１・２・３『１時間でできる国語』**

　国語の授業に関しては，『たのしい授業』に掲載された国語関係の記事を集大成した『たのしい授業プラン国語』１・２・３と『１時間でできる国語』（仮説社）という便利な冊子が４冊できています。このうち「ウソの作文」「接続詞作文法」「アクロスティック」「読むだけの授業」「新総合読本」などは，仮説実験授業研究会が生み出した独特な国語教授法として，役立つことでしょう。また，『たのしい授業』2011年４月臨時増刊号「たのしい授業プラン作文・毛筆」（現在品切）もあります。

● **村上道子『ことばの授業』**

　村上道子『ことばの授業』（仮説社，品切）には，「国語辞典入門のドリル／国語辞典をつくる授業／〈比喩〉と〈なぞなぞ〉の授業／屁理屈の授業」など〈ことばの授業〉に関して，多くの人びとが追試できるプランがたくさん含まれています。

● **新総合読本のリスト**

　『たのしい授業』では，国語の授業を「日本語という言語」と「日本文学」の教育に限定せずに，「他の教科の枠を越えた総合読本の教育─読み

物を通じて獲得しうる基本的な常識を教える働き」もするもの，と考えています。そして，〈新総合読本〉を作る運動を進めています。その成果としてこれまで作成された〈教材文＝新総合読本〉には次のものがあります。前の数字は『たのしい授業』の号数で，○の中の数字はその教材の占めるページ数です。およその対象学年に分類しておきましたが，それはおよその目安に過ぎません。ここには「小学校高学年以上」としてあるものでも，「中学年では理解できない」とは言えませんし，中学生や高校生には不向きとは言えませんので，ご注意下さい。

① 小学校低学年でも教えうるもの

「僕と月・雲と月」19③，「わたの実」21⑤，「おくすり」28③，「どんぐり」31⑥，「草木のかけくらべ」20④「切り紙」130⑦。

② 小学校中学年以上向き

「鉄道マニア」18⑨，「海の上を歩く法」23①，「ゆうだち」23②，「胃とからだ」28②，「ひとふで書きの数学」95⑦。

③ 小学校高学年以上向き

「太平洋」22④，「言いにくい言葉」27③，「オーストラリアだより」40⑩，「世界のコインと切手の中の国名」42⑮，「常識？非常識？」46⑤，「百聞は一見にしかず，百見は一読にしかず」72⑥，「創造の時代をひらく村びとたち」87⑯，「笑い話＝数字の書き方」112③，「テレビアンテナ物語」114⑮，「〈けたち〉の話」116④，「死んだらどうなるか」125⑨。

④ 中学・高校以上

「（60年前の発明発見物語）自動車の話」24④，「勇敢な少年」25③，「現金掛け値なし」26⑤，「道路の形」29④，「科学者と頭」39⑨，「流言飛語」41④，「社会の統計法則の発見」43⑫，「おさつの発明」44⑯，「最初の不換紙幣」45⑨，「郵便制度の改革」52⑮，「長野における《正札商法》のはじめ」55⑤，「伊勢の商人と江州商人」55⑤，「バカ苗病とジベレリン」57，58㉓，「渡辺敏先生の生涯」59⑯，「公共図書館の発明」60⑨，「フローレンス・ナイチンゲール」63⑫，「ぼくの進路」97⑧，「おくりもの＝手術用手ぶくろの発明」103⑫，「フランクリンの生涯」165⑳。

⑤ 『たのしい授業プラン国語1』に授業記録のある教材文

「針金のアメンボ」「モンシロチョウのなぞ」「重さの錯覚」「月の満ち欠け」「モグラの絵本」「チューリップ」「ふんすい」「ふしぎなふろしきづつみ」「きゅうきゅうばこ」

●国語の〈よみかた〉授業書案シリーズ

　山本正次編著『よみかた授業プラン集』（仮説社）の他にも，山本さんの作成されたプラン・解説が，キリン館からも発行されています。「重さの錯覚」「ふんすい」など，定評のある授業プランがたくさんあります。

●検定国語教科書に収録されたことのある読み物

　仮説実験授業関係者の書いた読み物で検定国語教科書に収録されたことのあるものも，いくつかあります。授業書《ものとその重さ》の中の「サントリオ・サントロ先生」，板倉聖宣著『（いたずらはかせのかがくの本）自転車の発明』（国土社）板倉聖宣著『（いたずらはかせのかがくの本）空気の重さをはかるには』，板倉聖宣著『ぼくが歩くと月も歩く』（岩波書店）などです。「検定教科書に載ったことがある」ということであれば，授業に取り上げやすいかもしれません。

⑥　授業書《英語のこそあど》

　英語と日本語の「これ，それ，あれ，どれ」の使い方を授業書にしたもので，その授業書と授業記録は『授業科学研究』第12巻に載っています。

⑦　新総合読本〈英語と国語のこぼれ話〉

『たのしい授業』No.37に掲載されたもので，英語の時間にもこんな読み物を読むことがあってもいいのではないか，と思います。

●読書指導に関するもの

　板倉聖宣・名倉弘共著『科学の本の読み方・すすめ方』（仮説社）は，自然科学の本の読書指導の本ですが，仮説実験授業関係者の書いた本で《学校図書館協議会の読書感想文コンクール》の指定図書となった本や，同協議会の「必読図書」になった本が何冊かあります。板倉聖宣編著『（発明発見物語全集）ピタゴラスから電子計算機まで』（国土社）は中学生向き指定図書となりました。板倉聖宣著『ジャガイモの花と実』（仮説社），板倉聖宣著『（いたずらはかせのかがくの本）足はなんぼん？』（国土社），板倉聖宣著『科学的とはどういうことか』（仮説社）などは「必読図

書」となりました。読書指導に取り上げやすいかもしれません。

L. 技術・体育・迷信・美術・日英対訳・その他の授業書

① 授業書《技術入門》*

　この授業書の副題は「火おこしの道具と技術と技能と科学」となっています。つまり，「火おこしの技術・技能」の獲得とその歴史の学習を通して，「道具と技術と技能と科学」の関係を教えようというのです。学校には技術家庭科とか理科といった教科があって，技術や技能や科学の教育が行われているのに，生徒も教師もほとんどが，「技術と科学と技能」との関係を明確に理解しているとはいえません。そして，多くの人びとはとかく技能より技術，技術より科学のほうが高度のものとのみ思いがちです。そこで，この授業書では，火おこしの技術を教え，その技能を楽しく身につけさせながら，その技術と技能の歴史を科学と結びつけて感動的に教えようというのです。その授業書とその解説，及び授業記録は，『たのしい授業』No.162に発表されています。

② 授業書《物の投げ方の技術と技能》

　多くの男子とほんの少数の女子は〈ものを投げる〉技能を身につけていますが，一部の男子と大部分の女子はその技能を身につけていません。それなのに，多くの教師は〈ものを投げる技術や技能や科学〉を教えるべき事柄と考えずに，自然のままに放置しているのが実情です。そこで，〈ものの投げ方〉も意図的に教えるようにしたら，大きな成果が保証されるでしょう。そこで，授業書《技術入門》の例にならってこんな授業書を作ったらどうか，と研究をはじめています。本格的な体育の授業書はまだできていません。そこで，「体育の授業は仮説実験授業の授業書にはなりえないのではないか」と思われがちなので，作成途上の授業書名を挙げておくことにしました。

③ 小久保式開脚とびの授業

　すべての子どもがとび箱をとべるようにする授業法です。干台治男さんのくわしい授業記録が『授業科学研究』第6巻に載っています。

●『たのしい授業プラン体育』

　『たのしい授業』に掲載された体育関連の記事を集めた本です。そのほか体操については「ヘルパーをつけて泳げ」という提案が『たのしい授業』の1983年6月号に載っています。

●『たのしいマット運動への道』

　マット運動を教える事は苦手だという方は多いと思います。そんなマット運動を〈授業プラン〉の形にして，子どもたちが，提示された問題を試していくうちにいつのまにかマット運動ができるようになっていく体育の授業を目指した本です。（峯岸昌弘著，仮説社）

④　授業書《コックリさんと遊ぼう》

　「迷信」の授業書ともいうべきものです。コックリさんが流行したときに弾圧などせずに，ホームルームの時間にでもやるといいでしょう。荒木葉子・塩野広次『コックリさんを楽しむ本』（国土社，品切）または，『授業科学研究』第11巻所収。迷信の授業としてはそのほか，板倉聖宣『火曜日には火の用心』（国土社，品切）を使った授業プランなどもあります。

⑤　授業書《虹は七色か六色か》

　「虹の色数」を教えながら，人々の「教育」とか「科学」というものについての考え方そのものを考える授業書です。ミニ授業書『虹は七色か六色か――心理と教育の問題を考える』（仮説社）という小冊子となっています。

●キミ子方式の絵の授業

　絵の授業である「キミ子方式」は仮説実験授業とはいえません。しかし，「キミ子方式」はその成立の過程そのものからして，じつに多くの点で仮説実験授業と考え方を共通にしています。そして，キミ子方式には「授業書」に相当する「描き方」の指示があります。しかし，「キミ子方式」についてはすでに多くの本が刊行されているので，松本キミ子・堀江晴美共著の『絵のかけない子は私の教師』松本キミ子編著『カット・スケッチの描き方』『誰でも描けるキミ子方式』（仮説社），松本・堀江共著『三原色の絵の具箱』（ほるぷ出版，品切）などを参照してください。

●〈牛乳パックでつくる和風ペン立て〉

牛乳パックを使って和風ペン立てを作ります。この本に書いてあるとおりにすれば、だれでもきれいな使いやすいペン立てが出来上がります。

● 『たのしい授業プラン図工・美術』

『たのしい授業』に掲載された図工・美術関連の記事を集めた本です。折り染めや和風小物入れ作りや切り紙、粘土で作る野菜、キミ子方式のイカの絵などが載っています。『たのしい授業プラン図工・美術２』（『たのしい授業』2016年11月臨時増刊号）もあります。

● 〈おやつだホイ！〉

「子どもたちとたのしめるクッキングブック」として、『（ゆりこさんの）おやつだホイ！』（仮説社）という本が出ています。家庭科などでクッキングするときのいい参考書となっています。

● 音楽

『たのしい授業』2004年11月臨時増刊号『たのしい授業プラン音楽』は、『たのしい授業』に掲載された音楽関連の記事を集めた本です。また、『ゼロからはじめるたのしい音楽』（仮説社）には、おすすめの音楽の授業プランが沢山収録されています。

● 〈煮干しの解剖〉など

「解剖」は、いろいろと準備や授業が大変なため、実施されることが少なくなっているようです。そんな解剖も、「煮干し」を使って実施すれば、準備も授業も後片付けも簡単にできてしまいます。小林眞理子著『煮干しの解剖教室』（仮説社）という本が出ています。ぜひ、子どもたちと解剖を楽しんでください。また、『解剖の授業はいかが』（仮説社）には、煮干しの他にイカの解剖プランなども載っています。

● 『きみは宇宙線を見たか』『霧箱で見える放射線と原子より小さな世界』

霧箱という実験装置を作って身の回りを飛び交っている宇宙線の飛跡を見てみようという本です。宇宙線とは何かという解説もあります。後者の本は、目に見えない放射線と原子の中の世界を探っていきます。（仮説社）

● 作業書〈折り染め〉〈ベッコウあめ〉〈プラバン〉など

『たのしい授業』には、毎号かならずといっていいほど「もの作り」の授業に関する記事が載っています。そして、これまでのそれらの記事は、

『ものづくりハンドブック』（1～9，仮説社）としてまとめられているので，それらを見てください。これまでの「もの作り」でもっとも定評のあるものというと，〈ベッコウあめ作り〉〈折り染め〉〈プラバン〉〈スライム〉ということになります。

「もの作り」に関する事柄は，すでにたくさんの出版社からいろんな本が出版されています。ところが，それらの本に出ているものの中には，実際にはできないものがあったり，できるとしても特別な技能をもった人や特別な材料を用意しないとできないものがあったりして，なかなか信頼できません。何かの本を読んで，「もの作り」に挑戦しても，うまくできない場合が続出すると，ものを作る自信を失ってしまうことになるので，とくに注意すべきことです。そこで『たのしい授業』編集部では，ごく普通の人がごく普通の材料だけを用いても確実にできることを確かめ，それができたときの喜びもよく分かるように記事にしてきました。そこで，『ものづくりハンドブック』はすでに多くの人びとの信頼を獲得しています。

〈おりぞめ〉については，『みんなのおりぞめ』（山本俊樹著，仮説社）があります。折り染めの基本からていねいに解説されています。

● 日英対訳版授業書

「海外で仮説実験授業を実施したい」「仮説実験授業について紹介したいので外国語版の授業書が欲しい」という要望にこたえて，研究会の有志による翻訳活動が行われています。現在，授業書作成者の許可を得て翻訳し，複数の英語を母語とする方々による英語監修を経たものを，簡単な解説付き日英対訳版の形で仮説社より販売しています。翻訳作業は継続中で，今後種類が増える予定です。

なお，理論書としては，仮説実験授業の原典ともいうべき板倉聖宣著「科学的認識の成立過程」「仮説実験授業とはなにか」等の論文を収載した英語の書籍『*Hypothesis-Experiment1 Class (Kasetsu)*』が，2019年に，京都大学学術出版会との提携によりTrans Pacific Press社（オーストラリア）から刊行されました。

現在（2024年9月）販売可能な日英対訳授業書は下記のとおりです。
Air and Water 《空気と水》／How many legs 《足はなんぼん？》／

If You Could See an Atom 《もしも原子が見えたなら》／Objects and their Weight 《ものとその重さ》／The surface of the water 《水の表面》／How weight works 《おもりのはたらき》

仮説実験授業をうけた子どもたちへのメッセージ

① 〈たのしく学びつづけるために〉

　『たのしい授業』1984年2月号（No.11）に載った文章です。仮説実験授業をうけて小・中学校を卒業する子どもたちに読ませて最後のまとめにしようというものです。卒業期でなくても「お別れの授業」としてとりあげてもよいかもしれません。『なぜ学ぶのか』（仮説社）に収録されています。

② 〈予想・討論と実験と〉

　『たのしい授業』No.83に載っている「予想と討論と実験―仮説実験授業をやっているみなさんへの手紙」という文章は，子どもたちへの3通の手紙からなっています。「たのしい問題」はどのようにして生まれるか，予想をたてて自由に討論することがどれほど大切なことか……科学と民主主義を育てる授業読本となっています。仮説実験授業が軌道にのった時期に子どもといっしょに読むようおすすめします。『なぜ学ぶのか』（仮説社）に収録されています。

③ 作文《心に残る思い出の授業》

　仮説実験授業では，「ときどき授業の感想文を書いてもらうことが，授業の効果を高める」ことが明らかにされています。とくに卒業や担任交代のある学年末には，それまでの何年間かの授業を振り返って思い出を書いてもらうと，教師にとっては思いもしなかった話が出てきたりして感動的なだけでなく，生徒にとっても，自分の経験をきちんと意識化する点で大きな意義があると思います。板倉聖宣「学年末です。〈思い出の授業〉の作文を」『たのしい授業』1984年2月号（No.11）に，子どもたちに作文を書かせる呼びかけの文が載っています。

第6話

授業の進め方入門
— 初めて仮説実験授業をする人のために —

藤森行人

東京・福生第五小学校

〔初出は『たのしい授業』No.169，1996年6月号，仮説社。もともとは1996年3月27〜28日に神奈川県川崎市で行なわれた「東日本たのしい授業フェスティバル」での講演用原稿の一部でした〕

子どもに「先生」と思ってもらえる時

　初めに，「教師が子どもから〈先生〉だと認めてもらえるのはどういう時か」ということについてお話させて下さい。
　落語家に林家正蔵という方がいました。この方はもう亡くなられたのですが，お弟子さんに林家木久蔵という人がいます。正蔵さんが亡くなった時に，木久蔵さんがテレビで師匠の思い出話をしていました。銭湯にみんなで行くんですが，お湯が熱いので師匠がお弟子さんたちに「おい，みんなで入ってかきまぜろ」って言うんだそうです。お弟子さんたちは熱いお湯の中に入るのはいやなんですが，大好きな師匠の言いつけなので，みんなで入ってお湯の中をぐるぐる回るのだそうです。
　このお弟子さんたちは，みんな正蔵師匠のことを好きだし尊敬しているから，言うことを聞いてお湯をかきまぜたんだと思うんです。
　ボクたち教師はまさか「お湯が熱くて入れないから君たちかきまぜてくれ」なんて言えません。どちらかというと，「お湯が熱いから，かき

まぜてあげよう」という方だと思いますが，ボクはこの話を聞きながら，自分が教師として，子どもたちにはどんなふうに見えているのか……と気になったのです。子どもたちの前に立ったとき，子どもたちから「自分の先生」として認めてもらっているのだろうか，と思ったんです。

　こういうことは，当然子どもによってちがうでしょう。同じ先生でも，その先生を好きな子とそうでもない子とがいるでしょう。でも，30人とか40人とかいるクラスの子のほとんどから支持されれば，やっぱり教師としては最高だと思うんですね。

　担任と生徒の関係は始業式や入学式で「○○先生が担任です」と発表された瞬間からスタートするのですが，子ども自身が「この人を先生として認める」という瞬間は，始業式とはまた別にあるのだと思います。授業といったら，ふつうは，〈つまらないもの・むずかしいもの・努力してがんばってするもの〉ですから，授業をすることによって「先生だと認めてもらえる」ということは可能性が低いでしょう。ですから，ふつうは，まず人間関係を作ってから，「その関係をベースにして授業をする」ということになることが多いですね。

中村美和ちゃんの作文

　ところが，ボクの場合は，仮説実験授業を夢中でするようになってから，子どもたちからステキなメッセージをいくつかもらうようになりました。例えば，ここにあるのは，中村美和ちゃんという，当時4年生の子が書いてくれたものです。

藤森先生
中村美和（今井小四年）

　藍ちゃんと藤森先生へのプレゼントを作りました。なぜかというと，土曜日に，「仮説実験授業」に行くからです。プレゼントもその時にわたすつもりです。手紙といっしょに。

　先生が他の学校に行ってしまい，今井小にいなくなった時，私は藍ちゃんといっしょに私の机でないたことを今も覚えています。藤

森先生が一日だけ来るという日に，庭に咲いていた明るい花をとってほうそう紙に包んでもっていきました。青いリボンをつけてもっていきました。わたす時も，目になみだをためて，わたしました。すると，藤森先生があく手の手を出してくれました。たまっていたなみだがいっぺんに，あふれました。

　離任式の時，藤森先生が，ストローを使って，「仮説」の実験をしてくれました。後で，あまったストローを私はもらいました。すごく，気持ちをわかってくれるいい先生でした。だから，プレゼントを心をこめて作りました。私たちが仮説の所から帰る時，藤森先生もないてくれるような気がしました。また，今井小に帰ってきてほしいです。そして，先生が朝礼台にのったら，ニッコリ笑って，全校生徒の中で一番大きな拍手を送ってあげたいのです。藤森先生の笑顔を考えていると本当にそんな日がくるような気がします。

(『多摩の子』1989年10月20日)

　この文章がのっていた『多摩の子』というのは，東京の西の方，多摩地区で出している小学生の文集です。そして，この作品はボクが指導したものではありません。

　ボクは美和ちゃんを1～2年生で担任して，仮説実験授業をいっぱい楽しんだのです。美和ちゃんも仮説実験授業が大好きでした。でも，ボクは美和ちゃんたちを担任したあと，この学校から転出したんです。

　離任式のとき（美和ちゃんが3年になった時）には，全校児童を相手に「長い吹き矢・短い吹き矢」という塩野広次さんのプラン（『たのしい授業』No.39，86年5月号）を実験しながら授業しました。美和ちゃんが「ストローを使って仮説の実験を」と書いているのはそのことです。

　「先生が他の学校に行ってしまった時，机で泣いた」というのも，3年になって，始業式でボクが転出したということを知った時のことです。一番初めの「土曜日に〈仮説実験授業〉に行く」というのは，ボクが地域でやっている「西多摩仮説実験授業を楽しむ会」というサークルに行くということです。このサークルには，この頃，美和ちゃんやその時の

クラスの子が10人以上参加するようになっていたのです。

　美和ちゃんがこの作文を書いた時には，ボクはもう転出していましたから，本人からは「先生のこと作文に書いたよ」なんて知らされませんでした。ボクがそれを知ったのは転出先の新しい学校で1年半を過ごした頃で，その学校の4年生から美和ちゃんの作品が載っているのを教えてもらったのです。

　この作文をみなさんに紹介したのは，美和ちゃんが書いてくれた「すごく気持ちをわかってくれるいい先生でした」というのが，ボクにとっては驚くべきほめ言葉だったからです。

　ボクは子どもたちの家の事情に非常にうとい教師です。日記指導に熱心な教師でもありません。細かに子どもに声をかけて子どもの心をとらえる教師でもありませんでした（今はけっこう子どもに声をかけたりして気をつかうようになりましたが）。

　当時は，ただひたすら仮説実験授業を夢中になってやっていました。だから，美和ちゃんの言葉は，単にボクにくれたというより，〈仮説実験授業をするボク〉にくれたものだと思うんです。

　子どもたちに「自分の先生だ」って思ってもらうのは，簡単なことではありません。特に，つまらない授業をしている教師は，そのチャンスが少ないと思います。でも，授業がたのしかったらどうでしょう。

　ボクの場合は，仮説実験授業をすることによって，子どもたちに「先生として認めてもらえる」ようになってきたような気がします。〈授業をすればするほど先生として認めてもらえる〉……仮説実験授業は，ここが素晴らしいとボクは思うんです。

　どうしてそんなに仮説実験授業は子どもたちの心をとらえるのでしょう。いろいろなわけがあるでしょうが，何といっても授業書と授業運営法が子ども中心主義でできているからでしょう。

　ここでは時間が限られているので，「授業書の内容」ではなく，「仮説実験授業の一般的な運営法」についてだけ，お話しさせていただくことにします。

仮説実験授業の授業運営法

授業に入る前に

　まず，仮説実験授業とは何かというと，「科学上の最も基本的な概念や原理・原則を教えるということを意図した授業」のことです。

　仮説実験授業では「授業書」というものを使います。授業書というのは，教科書と授業案と読み物とノートを兼ねたものです。授業書は単行本の中に入っているものもありますし，研究会で別刷りをつくっているものもあります（入手方法は巻末参照）。まずこれを手に入れて，クラスの児童の数だけ印刷して用意して下さい。

　授業書は，全部とじて本にして配るのではなく，授業の進行にしたがって，１枚１枚わたしていきます。仮説実験授業では予習してはいけないのです。

　そういえば，ボクが初めて教員になった時は，こんなことがありました。

　ボクは１年目は担任を持たずに１年生の音楽とか図工とかを担当しました。初めての授業を前にして，ボクのノーミソには，授業というものについてこんなイメージがあったのです。「ボクが説明をする，子どもが聞く……〈じゃあ，オルガンをひいてみてごらん〉とボクが言うと子どもがオルガンをひき始める」という感じですね。その時の子どもたちというのは，ボクの頭の中では，席についてボクの指示を待っているという感じです。ところが，新米教師のボクを待っていたのは，全くボクの予想もつかない光景でした。教室に入ってきた１年生は，いきなり勝手に太鼓や木琴などをガンガンたたき始めたのです。「席について！」とさけんでもほとんど聞いてもらえなくて……。一番初めの授業からどなっていたように思います。

　今考えると，１年生がそういうことをするのは，いわば当たり前かなあと思うんですが，その時のボクにとっては，全く考えもしなかったことでした。でも，これじゃあ授業にならないので，そのうちなんとかすわってもらうようになって，なんとか授業ができるようになりました。

仮説実験授業の場合も，できれば，とりあえず席についてもらって，授業を受けるという体制になってもらいます。ただ，どうしても何人かの子どもはおとなしく座っていてくれないというクラスもあるかもしれません。そんなクラスで仮説実験授業がしたいという場合は，またそれなりの方法があると思います。たとえば，クラスの多くの子どもたちが，うるさい子どもたちを「迷惑だなあ」と感じている場合には，注意していいと思います。それから，「今日はボクだって科学を楽しみたいんだから，静かにしてね」とお願いするテもあります。

　でも，仮説実験授業はそういうクラスでもなんとか授業ができることが多いんです。授業書を配って読み始めると，〔問題〕そのものがおもしろいので，子どもたちは授業に集中してくれる場合がほとんどです。

　さて，授業書を配って読むところから授業がスタートしますが，授業書はいきなり〔問題〕から始まるものが多いのです。で，初めて仮説実験授業を受ける子どもの中には「テストだ！」なんて言う子がいることがあります。ですから，ちょっと解説した方がいいかもしれません。そこでボクは，初めて仮説実験授業をする子どもたちには，授業書を配る前に，こんなプリントを配って読んだりします。

ときめきランド　　科学の授業通信〈仮説実験授業〉
はじめまして，よろしく

東京・福生・福生第5小・理科　　編集・発行：藤森行人

はじめまして

　こんにちは，藤森行人（ふじもりゆくと）です。今年1年間，理科の授業を担当します。よろしくお願いします。

　理科では，教科書の授業のほかに「仮説実験授業（かせつじっけんじゅぎょう）」というのをやります。ちょっと説明しておきましょう。

授　業　名	仮説実験授業
別　　　名	科学（かがく）
持　ち　物	筆記用具とファイル 考えるノーミソ
予　　　習	してはいけない
復　　　習	やっても やらなくてもよい
内　　　容	ヒ・ミ・ツ
気　　　分	リラックス
いらない物	くさったノーミソ

　この授業では，〔問題〕というのがあって，みなさんに予想を立ててもらいますが，これはテストではありません。みなさんは考えるノーミソで，「あれかな？」「これかな？」と予想してくれればいいのです。
　一つに決められなくて迷うことがあるかもしれません。そんな時は，「どちらかといえばこれだな」という方をえらんでみてください。予想はあとで変えてもいいのです。気楽にえらんでくださいね。

　こんなプリントを6年生のクラスで配って読んでみました。そしたら，子どもたちがとってもよろこんでくれました。「持ち物／筆記用具と考えるノーミソ」「いらないもの／くさったノーミソ」なんて言ったら，ドワーッと笑いがおこりました。「気分／リラックス」というところでは，フムフムという感じです（この時は，ボクは担任のクラスではなく，授業交換をして社会の授業で〈おかねと社会〉をやってたんです。今お見せした通信は理科専科の時のものですから，この時のものと少し違うところがあります）。
　そうしたら，熊木さんという女の子が，プリントを読んだ時の感想をこんなふうに書いてくれました。

> なんか，とてもおもしろくて笑ってしまいました。家に帰って思い出すと，なぜか顔がにやけてしまいます。……いつもの社会科の時間はとっても長いのに，今日はすぐに終わっちゃいました。
>
> 　　　　　　　　　　　　　　　　　　　（熊木伊万里さん）

　このとき以来，ボクはわりとよくこのプリントを使っています。でも，このプリントを使わないと仮説実験授業ができないなんてことはないので，あんまり気にしないでください。（このプリントは，埼玉・向原中の丸

屋剛さんのまねをして、ちょっと自分用にかえたものです。もともとは東京・立川四中の小原茂巳さんがやっていたことだそうです)

授業書を読むことで授業は始まり！

それで仮説実験授業では，授業書を配ったらもうすぐに授業に入ってかまいません。授業に入るのに「導入」とかはいらないんです。授業の流れは，全部授業書の中に入ってますから。

授業書は，子どもが読んでもいいし教師が読んでもかまいません。どちらでもいいのですがボクの場合は，〔問題〕は子どもに読んでもらいます。〔お話〕は，教師が読むことにしています。

「どちらでもいいと言われるとどうしたらいいのか迷ってしまう」という方は，とりあえず，ボクのまねをしてくださるといいと思います。

問題を子どもに読んでもらう時には，「読んでくれる人？」と聞きます。こういう言葉はまねしてくれるといいです。ボクの今の３年生のクラスは，「読みたい！」って言って手をあげてくれる人が多いので，適当にその場その場であてていたら，「わたしはもうずうっと読んでない」なんて不満を言う子が出てきました。それで，今は，手をあげてくれた人の中で名簿の早い順に読んでもらっています。

前にうけもっていた子どもたちの時は，「読んでくれる人」と聞いたら，手をあげてくれる人がだいたい４～５人で，いつも同じ子に決まっていたので，そんなことをしなくてももめませんでした。たくさん希望者がいるとうれしいけれど，「読んだ・読んでない」でもめるのが面倒です。希望者が少ないとさみしいけれど面倒がなくていいです。「どっちにころんでもシメタ」です。もし読んでくれる人がいなかったら，「じゃ，ボクが読みます」と言って，さっさと先生が読んであげてください。そこで，「このクラスは，積極性がない」なんて，お説教をしないことがコツです。明るく「はい，じゃ，ボクが読みます」って言えるように練習しておくといいですよ。

問題の説明は，教師の大事な仕事

　一通り〔問題〕を読んだら，〔問題〕の説明に入りますが，僕の場合は，〔問題〕を読みながら説明をしていきます。「ここに○○があります」という言葉が出てきたら，「はい，そこでとまってください」と言って，読むのを一時やめてもらって「○○」を出して見せます。「○○を△△すると，どうなるでしょう」というところを実際にやって見せます。

　結果がわかってしまっては困るけれど，結果がわからないようにさえしておけば，実験してしまってもいいのです。たとえば，はかりを使う実験ならば，はかりの向きを変えて子どもたちに針が見えないようにしておけば，実際にものを乗せてしまうところまでやってしまいます。ものを溶かして1日おいておく実験ならば，実際に溶かしてしまって，「さて，これを明日の○時までおいておきます」などとやるのです。

　言葉だけでは，なかなかイメージがわかないことが多いので，実際に実験道具を操作しながら，問題の説明をします。

選択肢は問題の一部

　たいていの〔問題〕には，ア，イ，ウ……などという選択肢がついています。クイズ番組でやる「三択問題」とか「四択問題」みたいなものです。それは，「○○はどうなるでしょう」と言われても，それだけではどういうことを聞いているのか，わからないことがあるので，選択肢がついているのです。選択肢は問題の一部ですから，選択肢をはずしたりしないで下さい。

　子どもは，○をつける以上は「絶対あたりたい」って思う子が圧倒的に多いです。ですから，全員が予想したかどうかは，ちょっと気をつけてあげてください。僕の場合は，「もうちょっと時間がほしい人？」と聞きます。それから，「もう○をつけた人？」と聞いて，逆にまだついていない人をたしかめたりします。まだついていない人がいたら，「どうぞ迷ってください」などと言って，迷っている子の気持ちをほぐすこともあります。

　迷っている子がいるうちに予想を聞いてしまうと，あとで，人数があ

わなかったときに「○○さんがあげていない」などと言われていやな思いをする子が出ることがあります。

なかなか決まらない子がいる時は，もう一度，問題の説明を実験道具を使ってしてあげることも効果があります。予想が立てられないのは，問題がよくわかっていないからだという場合があるからです。また，「〈どちらにしようかな，神様の言うとおり〉でもいいよ」とか，「鉛筆を倒して決めてもいいんだよ」などと言ってあげるのもいいでしょう。「どうせ予想なんだから気楽に○をしてみて」なんていうのもいいそうです。

どうしても時間がかかって，なかなか決まらない時には，「じゃ，時間がないから進めるけど，予想が決まったらあとで教えてね」とか，「頭の中だけでも予想を立てておいてね」などと言うとよいでしょう。なにしろ，予想が決まらない子がいる時には，教師がイライラしないで，ゆっくり説明してあげられると，その子だけでなく，ほかの子も「ああ，この授業では，ゆっくりしててもしかられたりしないんだなあ」と感じて，とてもいい効果があると思います。

予想が決まったら，手を上げてもらって，人数を数え，「黒板に書いていきます。その時，人数があわないことがあります。そうしたら，「あれぇ，1人足りないなあ。上げ忘れた人がいたら教えてください」と言います。

「はい，ぼくはアにします」と言ってくれる子がいたら，数えなおす必要はありませんね。だから「上げ忘れた」って言ってくれる子はありがたいんです。でも，どうしてもあわなかったら，「だれが上げていないんだ！」なんて，こわい声を出したりしないようにします。子どもの方から「○○君が上げてない！」なんて言うこともありますが，そんなときも落ち着いて「先生が数え間違えたかもしれないから，もう一度数えさせて下さい」と言って，数えなおします。

これ，何回くらい数え直していいでしょうね。ボクはまあ小学校ですから，多くても2回数え直して，それでも足りなかったら，ちょっと，「先生つかれてるのかな。ごめんね。先に進ませてください」とか言っ

て，先に進んでしまいます。高校などでは，数えれば数えるほど数がへってしまうこともあるそうですから，そのへんは生徒にあわせてあげてください。実際には，先生ではなく，生徒の中のだれかが疲れていて，上げ忘れているということもあります。でも，だれかが予想をまだ立てていないで，手を上げていないということもあります。そんなときは，「ごめんね。気がつかなくて」と言って，予想が立つまで待ってあげます。

予想変更は，いつでもどうぞ

　予想を数えたとたん，まだ理由も何も発表していないのに，予想を変えたいと言う子がいることがあります。これはしょっちゅうあります。そんな時，「人数を見てすぐ変わるなんてけしからん」なんて思わないでいいです。その子は，ずうっと考えていて，人数を数えおわった時にひらめいたかもしれないし，人数を見たとたんに，「そうか，そういうこともあるなあ」とイメージがわいたかもしれません。イメージがわくというのは素晴らしいことですから，しかったりしないで予想変更の矢印を黒板に書いてあげます。なにしろ，「予想はいつ変えてもいい」というのが基本です。教師の方から「予想を変える人？」と聞くのは，実験の前だけでもいいですが，子どもから「予想を変えたい」と言われたら，人が話している途中などでなければ，聞いてあげるといいと思います。

「なんとなく」も理由のうち

　予想分布を板書したら，今度は，どうしてそう予想したのか，理由を発表してもらいます。発表の順序は，一応，少数派の予想から聞いていきます。

　理由の発表は，教師の方から指名してあててもいいでしょう。そのとき，指名された子は，「なんとなく」と言ってもかまいません。「なんと

なく」というのも，ちゃんとした理由です。こちらが無理に予想をえらんでもらっているので，「なんとなく」予想を立てる子もいるわけです。「カン！」とか，「そう思ったから」というのでもいいです。まあ，なにしろその子がどうしてその予想をえらんだのかを言ってもらえばいいのです。

今の僕のクラスには「ドラえもんが耳にささやいた」なんて言う子もいました。前のクラスには「アンチャンメンチャンカンチャン○○とかいうじゅもんをとなえたら，ひらめいた」と言う子もいました。別にそういう理由をほめたたえることはないけれど，そういうのも「はい，どうもね」ぐらいに聞き流しておいて，たいていは大丈夫です。

子どもたちの発言しやすい環境をつくろう

理由の発表が終わったら，討論です。「いま発言した友だちに対して，質問や討論することがありますか」と聞きます。

「討論ってなあに」と聞かれることがありますが，そのときは，「自分とちがう意見の人に自分の考えを言ったり，その人の考えのおかしいところを言ったり，質問したりして，自分の考えを確かめたり自分と同じ考えの人をふやすことだよ」と答えます。うちの今の3年生のクラスでは，初めの頃「絶対，ウはまちがっています！」なんていうのがはやりました。「アにきてください」なんていうのもありました。

今のクラスは，なかなか討論までいきませんが，それはそれでいいと思うのです。討論があればあったで，授業がもりあがっていいけど，時間がかかります。討論がないと，さびしい気もするけど，どんどん進められるからいいです。

仮説実験授業では，「言いたい子は言いやすいように，言いたくない子は，言わなくても気楽にしていられるように」配慮するのが教師の仕事です。討論がもりあがって，終わらなくなっても，クラスの子どものほとんどがその討論を歓迎しているようなら，つづけていいです。でも，討論が堂々めぐりになったり，他の子たちが疲れてぶったおれているような場合は，ちょっと先生が「じゃあ，そろそろ実験しようか」と言っ

てあげた方がいいこともあります。まあ，子どもたちの気持ちを見て，リードしてあげてください。

実験は全員が見えるように

討論が終わったら，いよいよ実験です。

しかし，実験の前には，予想変更する子がいないかどうかたしかめます。予想変更も，黒板に矢印などで書きます。そうして，変更後の予想分布も書きます。予想変更というのは，とても大事なことです。初めのうちは「変更するのはずるい」と考える子がいることがありますが，人の意見を聞いたりして考えが変わったら，考えが変わったことを表現できる方がずっと科学的な態度です。ですから，「予想変更はずるい」なんてことはないんですよ。

そして，いよいよ実験します。

実験は，みんなが見えるようにしてあげます。しかも，実験したら，「アが正解！」などと，教師がはっきり宣言してあげて，黒板のアのところを○で囲んだりするといいです。子どもたちには，実験の結果を授業書に書いておいてもらいます。

「燃えるでしょうか」「光るでしょうか」とか，「くっつくでしょうか」というような問題で，正解が「燃えない，光らない，くっつかない」というようなときは，1回だけやって「燃えませんね」なんて言わないで，3回ぐらいやってみせてあげてください。「燃えるだろう」と予想している人の気持ちになって，何回かがんばってから「燃えませんね」と言ってあげるといいです。

……以上が仮説実験授業のおおまかな流れです。

仮説実験授業ではそのほかにも〔作業〕や〔お話〕があります。作業は，授業書に書いてあるとおりにやってください。お話は基本的には読んであげるだけでいいです。黒板をつかって説明したり，ものを見せたり掲示物を用意して説明してあげてもいいですが，説明しすぎて次の問題の答えまで教えないように注意してください。まあ，教えてしまったらあきらめて知らん顔して進めるといいです。

まず一つの授業書だけをやってみて下さい

「ぜひ仮説実験授業をやってみたい」と思われた方は，まず一つの授業書をやってみて下さい。自分が担任している子どもたちのことを考えて，この授業書なら楽しんでくれるだろう，と思ったものをやるのがいいでしょう。また，授業書を読んでみて自分自身でとてもたのしいと感じられたら，その授業書をやってくださるといいと思います。そして，一つの授業書が終わったら，ぜひ子どもたちに感想を聞いてあげてください。

途中で「どうもこの授業はうまくいっていない」なんて思うことがあるかもしれません。そういうめげそうになった時も，ぜひ，感想を聞いてあげて下さい。評価は，「5．とても楽しかった／4．楽しかった／3．楽しかったともつまらなかったとも，どちらとも言えない／2．つまらなかった／1．とてもつまらなかった」という5段階でどれかに○をつけてもらって，「その理由を教えてください」と言って感想を書いてもらうといいと思います。

子どもたちの評価を聞くときは，ドキドキします。何回仮説実験授業をやっても，やっぱりドキドキします。でも，今までクラスの半数以上はいつでも「たのしかった」と書いてくれました（1～4人から1や2の評価をもらったことはありますが）。だから，みなさんの場合も安心していいと思います。

感想を聞いてみて初めて「そんなに楽しんでくれてたのか！」と分かった経験が，ボク自身，何度もあります。ぜひ，子どもたちの感想を聞いてみてあげてください。

授業の評価は子どもがきめる

仮説実験授業によせる子どもたちの気持ち

仮説実験授業がどんなふうに子どもたちに歓迎されたか，少しだけ紹介させて下さい。

まず，細野正祥君の感想を紹介します。ボクは細野君が3年の時のク

ラス担任でした。そのあとボクは理科専科になってしまって担任ではなくなったのですが，理科専科としてその後2年間，5年の終わりまで仮説実験授業をしたのです。ですから，細野君は3年間，仮説実験授業を受けたことになります。ただ，校内事情があって6年の理科は別の先生が担当していたものですから，細野君とは5年生まででおつきあいが終わってしまったわけです。そのおわかれの時に書いてもらった感想です。

> こういうのはにがてだけど一言いいます。一年から五年までうけた授業の中で仮説実験授業が一番たのしかった。なぜかというと，いけんを言ったり，とうろんよそうを言ったりできてとてもたのしいし，実験を見るのがたのしいです。

坂井亮君は「あなたにとって理想的な先生とは」というテーマで，こう書いてくれました。

> りそうてきな先生はやさしくて，おもしろくて，りかができて……そう，ふじもり先生。う，う，6年になっても藤森先生に教わりた―い。

高橋功君は，こう書いてくれました。

> わらえる授業でみんなでいろいろな意見を言って，もし自分の意見が本当だったりその意見に賛成する人がたくさんいたら，自分がヒーローになったみたいでとても楽しくてたまりません。その他に少数派であたったり，不思議なことにはずれたときもなんだか少しはおもしろい。たぶん「そうなのか」と思ったりして，新しいことが自分のあたまにインプットされておもしろいのかもしれない。

ボクのばかり紹介してもなんですから，もう一つだけ中学の感想を紹介します。東京の青梅市で中学の先生をしている原島貞夫さんが1，2，

3年とずうっと仮説実験授業をやってきた生徒たちから，たくさんたくさんステキな感想をもらっておられます。その中から一つだけご紹介しましょう。

> 正直に言いますと，はじめのうちは「何でプリントなどやるのだろう。なぜ教科書で進めないのだろう」と思っていました。でも，少しずつその授業を進めていくうちにとても楽しくなってきました。そして，テストのときにもっとすごいことに気づきました。この授業はとても印象深いのです。自分の知らないことは，常識を使っていろいろと考えて，そのうえみんなが想像つかないいろんな討論をして，テストの時，「そういえば，あいつがこんなこといって間違えたな」と思いながら，かなり身についていることに驚きました。また，来年1年生をもつと思いますが，是非続けて下さい。
> (出沢理恵さん)

長いあいだ疑問だったこと

ボクは，初めて仮説実験授業をしてから，仮説実験授業がすばらしいということを心の底から納得するまでに3年ぐらいかかっています。いろんなことがひっかかっていたような気がしますが，その一つに「授業の評価は子どもが決める」ということがあります。

仮説実験授業の成功失敗の基準は，

① クラスの過半数の子どもがこの授業をおもしろい，たのしいということ ── 少なくとも，「つまんない」「いやだ」という子どもが例外的にしかいないこと。
② 子どもたちの圧倒的多数が，この授業が「わかる」ということ。
③ 先生が，「またこれをやってみたい」と思うほどのたのしさ，おもしろさがある。

ということです。

このうち，「①子どもたちが授業をたのしかったということ」が，仮説実験授業の評価の大きな特徴です。(③の先生の気持ちというのも特徴で

すが……)

　そのことは,ボクは「すごいなー」と思いました。「子どもたちのため」と言いながら,ほんとに「子どもたちのためになったかどうか」を調べてこなかったのが,今までの教育でした。仮説実験授業が,初めて「子どもたちのためになったかどうか」を子どもたち自身に聞くということを言い出したのです。

　ところが,ボクは,一方でそう思いながら,もう一方では,どうしても「授業の評価は子どもが決める」ということを納得できなかったような気がします。もう一人のボクは言うのです。「子どもたちというのは,授業を受ける人でしょ。指導される立場の人でしょ。みちびかれる立場の人が,みちびく立場の人を〈なかなかよくやってる〉とか,〈この点がどうもまだ足りない〉とか,評価できるのか。そんな力があるのなら,みちびかれる必要もないのではないか……?」と。

　授業の評価は子どもが決める……それはとても民主的なことです。民主主義を大切にしたいと思っていたボクは,「授業の主人公は子どもである」という言葉にはとても魅力を感じていました。しかし,授業というものは,子どもたちを「指導」するためのものです。ものごとを知らない子どもたちに知識を教え,わがままな子どもたちに自分の欲望をおさえることを教えるのが教師の仕事でしょう。それなのに,当の「指導」をしてもらっている子どもたちに「うん,この授業はよかった,でも,この授業はだめだった」なんて言ってもらおうっていうのは,どうもね。そこんところが,ボクはひっかかっていたらしいのね。

　ところが,こうやって,仮説実験授業が子どもたちに大歓迎されるようになって,ボクはだんだん「授業の評価は子どもが決める」という考えを受け入れることができるようになりました。子どもたちに「こんどの授業もよかったよ」と評価してもらえることが,教師の幸せだと思うようになりました。

　こういうことって,実際に評価してもらえて初めて,「評価されるっていいなあ」という気になります。だから,授業書があって,だれでもたのしい授業が実現できる方法が具体的にできて初めて「授業の評価は

子どもが決める」と言えるようになったんでしょう。

　もしそういう内容と方法ができないのに「授業の評価は子どもが決める」といったら，ただの〈教師いじめ〉になるかもしれないなって思うんです。

感想を聞く前にテストをしてみて下さい

　ところでみなさんは，テストについてどんなふうに思っておられますか。仮説実験授業では，授業が終わって感想を聞く前にテストをするといいと思います。初めて仮説実験授業をする方には，そこまで余裕がないかもしれませんが，もしも余裕があったら，ぜひやってみて下さい。

　実は，ボクは仮説実験授業をするようになって，たのしい授業ができるようになった後も何年かは，テストをしないでいました。「たのしい授業にテストはじゃまもの」という気持ちがあったからです。せっかくたのしい授業をしてきたのに，テストをして子どもたちの気持ちに水をかけたくない，と思っていたのです。

　ところが，ある研究会で，板倉聖宣さんが「仮説実験授業をやったらテストをした方が子どもたちがたのしいっていうと思う」とおっしゃっていたのを聞いて，「ええ？　テストをするとたのしいの？」と耳が大きくなったんです。「たのしいテストというものがあるんならやってみたい」ということで，その頃3年生でやっていた《背骨のある動物たち》という授業書が終わったときにテストをすることにしたんです。

授業でテストをしたら

　《背骨のある動物たち》は，いろーんな動物を背骨のあるなしなんかで分けていく分類の授業書です。だから，その分類についてのテストを作りました。授業でやった問題をそのまま選びました。そうしたら，全部で11枚，なんと全部で問題の数が157題もあるテストになってしまいました。

　《背骨のある動物たち》という授業書は，一つの問題に10も20も30も動物が出てきて，それを，たとえば「背骨のあるものとないものに分け

たら，どうなるでしょう」というわけですから，問題の数がすごく多くなっちゃった。それに，ボクは初めてテストをしようと思ったので，その時はそういうふうにしか作れなかったんです。今ならもっと数をへらしてやると思います。

これだけのテストですから，やり終わるのにも時間がかかりました。毎日１時間ずつやって３時間かかったと思います。でも，そのたくさんのテストをしていくうちに，グングン子どもたちの調子があがってきて，「もうやめようよ」というよりも「もっとやりたい」っていう声の方が元気があるようになったんです。ふつう，テストってそんなになるでしょうかね？

11枚157題のテストを全部終えて，ボクは生まれて初めて，テストについての評価を子どもたちに聞いてみました。そうしたら，29人中23人が「とても楽しかった」と答えてくれました。「たのしかった」もあわせると，86％の子が「たのしかった」と答えているのです。ボクは「たのしいテストっていうものがあるんだなあ」と感激したのでした。平均点は92点でした。こんなにできがよかったら，たのしいのは当たり前かもしれませんね。

この話にはまだおまけがあって，ちょうどその時いっしょに３年生を担任していた梅津元さんも《背骨のある動物たち》をやったので，全く同じテストをしたんです。そうしたらどうだったと思いますか？　平均点はほとんど同じでした。（細かく言うと，ボクのクラスが91.6点，梅津さんのクラスが91.4点です）

岩崎友恵さんの感想には，こんなことが書いてありました。

〈じしゃく〉もテストをやってほしい。

「次の仮説実験授業は《じしゃく》をやるよ」と言ってあったんです。そうしたら，授業をする前から，テストをしてねってお願いされちゃったんです。それからは，ボクは仮説実験授業をやったら必ずテストをするようになりました。ただ，「テストをするといい」といっても，テストプリントは，授業書のようには用意されていないんです。今はほとんどの人が自分でテストを作っていると思います。

もしよかったら，あなたも仮説実験授業をやってテストをしてみたらどうでしょうか。子どもたちに「テスト，たのしかった？」と聞きながら研究を進めたら，たのしいテストがもっともっと身近なものになるかもしれないと思います。(『たのしい授業ハンドブック』，『たの授』91年3月増刊，No.101，という本に，ボクが「たのしいテストならやる気がする」というタイトルで，「たのしいテストのやり方」についていろいろと書いています。読んでみていただけると参考になるかもしれません)

森下君の「ぼくやらないよ」

　《てことトルク》という授業をやった時のことです。森下君という子がいました。

　森下君は生まれつき心臓が弱かったこともあって，入学してからほとんど勉強しないできてしまったんです。当時5年生で，ボクは彼の担任ではなく理科の専科だったんですが，国語でも算数でも机の上に頭をおいて，ねてるんだそうです。1年生のときから全然やってきていないから，全然わからない，できない，自信もない。劣等感だけはすごくある……っていう状態だったそうです。

　森下君は，仮説実験授業だけはふつうにうけてくれていたんです。ところが《てことトルク》にはちょっと計算をするところがあるんです。そこのところで，森下君が「ぼく，やらないよ」って言いました。ボクは，「とうとうボクの授業も拒否されるのか」って思いました。「ぼくやらないよ。だって算数できないもん」「算数できないから，ぼくねてよう」と言う森下君に，ボクはこう言いました。「森下君。ねていいから，うすめだけあけておいてね。計算なんかできなくったっていいんだから。計算は計算機でやったっていいんだから」……そうしたら，森下君「じゃ，計算機持ってきて」なんていって，ねています。持っていけばよかったんですが，そのときは思いつきませんでした。そこまで余裕がなかったんです。

　ボクはだいたいの子ができたところで，ボクの方で黒板に式や答えを書いていきました。そうして森下君に，「森下君，うつすだけうつして

おいて」と言ったんです。すると，彼はちゃんとうつしていたんですよ。
　そして，〔問題3〕に入った時のことです。

〔問題3〕右の図のように，おもりをつるすとき，横棒はどちらかにまわるか，それとも水平につりあうと思いますか。

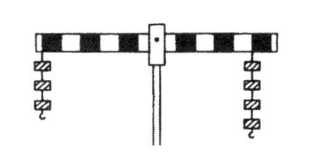

　予　想
　　ア．右が下がる。
　　イ．左が下がる。
　　ウ．水平になる。

　森下君は予想に○をしてくれていました。見たら，森下君の予想は「ウ．水平になる」です。森下君の予想はまちがっています。
　理由の発表のところで，ほかの子が説明してくれました。「右回りのトルクが5×4＝20で，左回りのトルクが6×3＝18。だから，右が下がる」。これを聞いたら，森下君は予想を変えたんです。ボクは「うーん，いいなあ」と思いました。実験したら右が下がりました。森下君は当たりました。自分で計算しなくても，ちゃんと当たる喜びが味わえるのです。
　〈仮説実験授業っていいなあ〉と思いました。
　いつのまにか，森下君はおきあがっています。「ぼくやらないよ」と言ってねていたのに，起きあがっています。顔も明るい顔にもどっていました。
　森下君は教科書の授業もちゃんと受けてくれました。そうして《てことトルク》のテストでは70点だったけれど，その前の《光と虫めがね》や教科書の〈音〉のテストは両方とも100点だったのです。その時，森下君はこう言っていました。「あーあ，また100点だ」「ぼくはなんでこの頃100点ばかりなんだろう。この前も100点だったしなー」。
　「あーあ，また100点だ」って，何度も何度も言っていたんです。

＊

　あれからまる4年以上が過ぎました。その森下君はついこの前中学を卒業しました。
　ボクが学校からの帰り道，駅に向かって歩いていると，「藤森先生！」と大きな声で呼ぶ人がいたんです。この頃ボクは目が弱くなってしまってよく見えないんですが，声の調子と制服とから「あー，森下君？」と言ったら，「そう！」と声がかえってきました。その声がすごくはりきっているんです。聞いたら高校に受かったそうです。中学の先生によれば，最後はがんばってはいたけれど，むずかしいところだったそうです。なにしろ，小学校の時はなんにもしなかった人ですから。
　森下君は高校に受かってうれしかったんでしょう。そうして，大きな声で「藤森先生」って呼んでくれたんです。
　仮説実験授業をやっていて一番よかったのは，いろんな子の素晴らしさをみつけられるようになったことですね。

（カット・藤森知子）

仮説実験授業研究会会則

1. **(目的・名称)** 本会は科学的な・だれでもが信頼して利用できるような（検証可能な）科学の教育・授業に関する法則の発見・確認を目的とし，これがために会員その他の研究の交流・集積をはかるために設けられるものであって，当分の間その名称を仮説実験授業研究会とする。将来，会の内外に科学の教育・授業に関する科学的な研究の権威が確立されるようになれば，「日本科学教育学会」といったものに吸収されることになるであろう。

2. **(会の成立条件)** 本会は，その目的を達成するため，ヒューマニズムと科学の名において，授業の科学的研究の自由を妨げるあらゆる社会的障害を除去し，授業の科学的研究の権威を高めるように努力するものとする。ただし，これらに関することについても研究上の真理に関することと同じく自由な意見・情報の交換を活発にするにとどめ，会としての決議は一切行わず，その行動，意志表示などは会員各自の ― あるいは同じ意見のもの同士の他の行動組織の ― 自由に任せるものとする。

3. **(会　　員)** 仮説実験授業を実施してその記録など研究資料・論文を本会に提出したもの，および仮説実験授業の授業書の作成に従事するなど，仮説実験授業の研究に寄与したものは，本会の承認をえて会員となることができる。

4. **(会の事業)** 本会の目的を達成するために，授業書の作成改訂など，あらゆる教材の作成普及の作業をすすめると共に，機関誌，その他の研究資料を発行し，研究会，全国研究大会，講演会，学習会などを開催するものとする。

5. **(会員の権利義務)** 本会の会員は，本会のあらゆる事業に参画・参加する権利と，別に定める会費を納入する義務をもつものとする。

6. **(役　　員)** 本会の運営のために，常任委員会，機関誌編集委員会，その他の各種事業のための実行委員会を設ける。その委員は会員の互選あるいは常任委員会の選任により定める。また，各委員会はその長を選出する。会の内外に本会を代表するものとして会代表および代表代理をおくことができる。

7. **(会則の変更)** この会則は1970年7月1日より発効する。この会則を変更するには総会出席者の3分の2以上の賛成がなければならない。　　　（以上）

会則の趣旨説明

板倉聖宣

> この会則は，ふつうの会則とよほどちがっています。そこで，この会則の最初の案を公表したときの趣旨説明（1966年8月）をもとにして，会の現状にあわせていくらか手を加えて収録しておくことにします。

この会則は，仮説実験授業研究のすすめ方に関する基本的な考え方をそのまま短いことばに書き表してみたものです。つぎにとくに大事な点だけを解説しておきます。

1．（目的・名称）

ここでは，「科学教育の科学的研究というものの権威がいまのところ十分確立されていない」という認識の上にたって，〈科学教育の科学的研究をうちたてるという目的意識の明瞭な人々の集まりとしてこの会を設立するのだ〉という意図を鮮明にしたかったのです。

そのような意図なら，はじめから仮説実験授業研究会などという狭い名称をとらずに科学教育研究会というような名称をとった方がよいのではないか，とも考えられますが，「科学教育研究といったもののイメージが混乱している現状においては，その名称を使いたくない」というのが私の気持ちなのです。科学教育研究を真に科学的に権威あるものとするためには，過渡期においてはむしろその主張を前面におしだした方がよいと考えるのです。

それは，17世紀のヨーロッパに生まれた近代科学の学会がただ単に「○○科学会」などとよばれずに「山猫学会（山猫のように鋭い目で真理をみきわめる学会という意味）」とか「実験学会」とか「自然の知識の増進のための王認学会」などとよばれなければならなかったのと同じことです。ただ「科学の学会」というのでは，それまでのニセ学問と区別できなかったので，「自分たちのめざす科学の基本的な性格はこんなものだ」ということを訴えるような名称を用いたのです。

仮説実験授業研究会という名称を一時的なものとしたのも御了承いただけると思います。

2．（会の成立条件）

どんな分野の科学的研究でも，その権威が社会的に確立される以前には，その研究条件は，まったくめぐまれないのが普通です。多くの社会的・政治的な偏見や干渉，圧力の存在とたたかうことなしには，まったく新しい分野に科学の権威をうちたてることは困難です。

そこで，いまの科学教育・理科教育に関する研究諸団体は二つの傾向をもつようになっています。一つは現在の社会・政治体制に順応してその中で認められる

限りの研究に満足して社会的・政治的な圧力とのたたかいを回避するといういき方，たとえば研究を指導要領や教科書のワク内での改良にかぎるといういき方です。もう一つは社会的・政治的な問題に対して同じような考えをもつ人々を結集して，教育の科学的研究の条件を確保するといういき方です。後者は他の社会運動・政治運動団体との結びつきが強くなり，しばしば社会的・政治的な問題についても会として声明を発したり決議するようになります。

しかし，私はこのような二つのいき方はどちらも科学研究の独自性を守り通す上で不適切だと思います。そこで，会則にこのような内容の文章をいれたいと考えたのです。科学上や政治上の真理を多数決できめることはばかげたことです。しかし，個人も，組織も，何ごとかをするためには，多数決その他の方法で（便宜的に）決断をくだし，それにしたがって行動をおこさなければなりません。研究会の運営のためにはその種の決定が必要になります。しかし，その決定は会の運営上直接必要な最少限度のことにとどめるべきだというのが私の考えなのです。

3.（会　　員）

この項も最近の科学研究諸団体といちじるしくちがっています。いまどき会員の資格をきびしくしぼっている組織はほとんどないようです。しかし，科学上の問題について十分効果的に語りあうためには，やはり一定の資格が大切だと思うのです。

仮説実験授業は，だれにでもできる授業プランの実現を意図しますが，中間プランを安心して交換しうる人々を研究会の会員としたいと思うのです。そこで，じっさいに仮説実験授業を実施し，研究している人たちだけを会員とした方がよいと思うのです。いわば，自分自身の体験と理論にもとづいて仮説実験授業について語りうる人々，中間プランを必要とし，それを正しく扱えることが会員の資格だということもできるでしょう。

もちろん，仮説実験授業の内容について会員の間で意見が一致しないこともありうることです。仮説実験授業がどのような点ですぐれており，どのようなところに欠点があると考えるか，ということについても意見の相違があってもおかしくありません。しかし，仮説実験授業の研究が今後の教育の一つの方向を示すものだという考えをもってこれを研究する人々をもって会を組織したいと考えます。しかし，研究というのは，自分の得た知識・経験をみんなのものにするということです。ですから，その人が仮説実験授業を研究している，ということを授業記録その他の研究を会に公開したということできめたいと思います。

しかし，会をセクト的にしてはならないと思います。「仮説実験授業というのはどんなものだろう。一つ批判的に研究してよかったらとり入れることにしよう」という人々を排除するのは正しくないでしょう。その人々にも適切な研究資料を提供し，その人々の批判にも耳をかさなければなりません。そのような人々のた

めに『授業科学研究』『仮説実験授業研究』などを公刊するわけです。

４．(会の事業)

会の事業としては，授業書その他の教材をみんなで開発していくことのほかに，機関誌として，これまでに『科学教育研究』『仮説実験授業研究』『授業科学研究』『科学入門教育研究』を公刊してきました。また，最近では研究資料などをまとめたガリ版刷りの冊子が，各地のサークル(や個人)独自の編集のもとに多数刊行されるようになり，全国に読者をもっていますが，会としてはそれらの活動を支援する態勢をとっています。

全国的な規模の会合としては，これまで夏と冬にひらいてきた全国合宿研究会のほか，研究発表大会を行ったり，必要に応じてテーマ別・授業書別等の会合をもって研究の交流をはかっています。また，仮説実験授業の成果を会外の人びとに伝える試みとして，仮説実験授業入門講座，授業書体験講座，サイエンスシアター，その他の会合も，関西や関東，その他各地で行われています。

仮説実験授業研究会では，全国大会などの分科会の組織や研究発表者の決定にあたって，一般に行われているようなレジュメ方式(割当制，予約制)をとらず，「当日集まってきた資料をもとに，集まった人々の希望にしたがってその場で決定する」という方法をとってきました。また，機関誌の編集においても，原稿の依頼は行わず，研究会で発表されたり全国から送られてきたガリ版刷りの資料を中心に編集するという方針をとってきました。これらの伝統は今後もひきついでいきたいと思っています。

５．(会員の権利義務)

現在(2024年度)の会費は年額１万1000円です。これは，「仮説実験授業研究会ニュース」その他の通信費や資料代の実費などにあてています。この会費を納めた会員は本会のあらうる事業に参画・参加することができるというのは当然のことです。会員以外の方々の参加も歓迎したいのですが，会合の性質によっては，無制限に受け入れて，人数が多くなると，議論が散漫になってしまうおそれがあることもあります。そのような場合には，参加者を「仮説実験授業を現に研究している会員に限る」ということも，今後は行いたいと思います。

６．(役　員)

現在，常任委員会は，北海道(２)，東北(２)，北関東(２)，東京(２)，東京隣接(２)，北陸・信越(１)，東海(３)，大阪(２)，大阪隣接(２)，中国(２)，四国(１)，九州・沖縄(２)，若者代表(２)の計25名の委員と会代表とで構成されていますが，会の趣旨として，できるだけ「決議」はしないことになっていますが，委員会というものもほとんど開かれていません。

７．(会則の変更)

これについては，いうまでもないでしょう。〔次ページも参照して下さい〕

〔補足〕
研究会の最近の活動

前掲の「会則の趣旨説明」は，1966年に書かれたものをもとにしています。その後も基本的には変更する必要もないので，ほとんどそのまま掲載したのですが，研究会の「事業」は研究の進展を反映して，活動の規模が大きく，また多様化しています。そこで，その点を中心にして，最近の研究会の状況を簡単に紹介しておきます。

●**各種の講座・研究会**

夏と冬の全国大会は，それぞれ2泊3日で開催しています。

夏の大会の総会では，会務・会計報告は数分で終わるので多数の参加者があり，翌年の大会開催地の選定がイベント化しています。

大会などでは「ナイター」が好評ですが，これは「夜まで語り合うこと」で，野球見物ではありません。

大会以外の集会としては，「仮説実験授業を実施してみたい」と考えている人を対象にした「入門講座」や，「子どもたちだけでなく大人も科学を楽しみたい」という要望に応える「体験講座」が，各地で開催されています。また，教材・教具・本・おもちゃなど，「授業に役立つのモノ」の大規模な展示・販売をともなう「フェスティバル・講座」や，仮説実験授業の経験者を中心とした「セミナー」，学校外で広い地域の子どもたちを対象に授業を行う会（たとえば「わくわく科学教室」など）も開催されています。さらに，豪華な実験器具付きで親子で科学を楽しんでもらうための「サイエンス・シアター」運動も行われました。

これらのうち，次のものは規模も大きく，毎年定例的に開かれてきました。

1月初　冬の大会（150～200人）
3月末　たのしい授業フェスティバル（入門・体験講座も。尼崎と東京で，各数百名規模）
7月末　夏の大会（500～600人）
8月中　セミナー（200人）
8月中　入門体験講座（神奈川，愛知，各300～600人）
11月　公開授業と講座（大阪）

その他，100名程度の規模の集会は各地で開かれているようです。

なお，仮説実験授業関係の集会はすべて，主催者・サークルが自主的に企画・運営するものですから，事務局でも把握しきれません。くわしくはそれぞれの案内を見てください。会の案内は，準機関誌ともいうべき月刊『たのしい授業』（仮説社）に掲載されます。仮説実験授業を中心とする各地のサークルについても，『たのしい授業』のっています。研究会の機関誌は，現在『第3期仮説実験授業研究』（仮説社）を刊行中です。

●事務局・役員・施設・名所

　研究会の事務局（445-0024愛知県西尾市和気町北裏26犬塚方）は，愛知の斉藤裕子さんが担当してくださっています。入退会の手続き，名簿の発行などは事務局で行っています。

　なお，事務局には「ガリ本図書館」と「授業書センター」が公開されています。仮説実験授業については，たくさんの人が研究成果を自分自身の手で冊子（ガリ本）にまとめて発表しています。そのことが仮説実験授業の研究運動の大きな特色でもあり強みでもあるのですが，ガリ本図書館ではそれらを閲覧することができます。

　それから，東京には仮説社の一隅に「やまねこラウンジ」があって，各種集会・講座に使われています。会議室以外に，仮説実験授業にかかわる授業書，本，教材，おもちゃなどを展示・販売するコーナーもあります。

　自宅の一画などを「仮説会館」と称して各種のサービスをしているところは東京以外にも何カ所かあります。徳島県・四国大学の小野健司さんは研究室内に「授業書会館」を開設して，授業書の初版から改訂版まですべてを収集し保管することを目的としています。

　かわったところでは，新潟県魚沼市大沢の東養寺境内の「科学の碑」と「科学の碑記念会館」があります。

　科学の碑は，科学が文学以上に人々に親しまれるようになることを期待して建てられたものですが，そこには，「科学，それは大いなる空想をともなう仮説とともに生まれ，討論・実験を経て大衆のものとなってはじめて真理となる。1990年5月，仮説実験授業研究会代表板倉聖宣」「科学は民主的な社会にのみ生まれ，民主的な社会を守り育てる」と記された2枚の銘板がはめこまれています。

　なお，科学の碑の裏側は原子論者たちの（無宗教の）共同墓地ともなっています。また，記念会館では板倉が研究に使った蔵書が閲覧できるほか，小規模の研究会もできるようになっています。さらに，その裏山一帯は「科学の森（菩提の森）」として，散策コースができています。

あとがき

　「はしがき」にも書いたように，この本の第1話〜第3話は講演記録をもとにしたものです。講演のとき，私は原稿を用意しないのがふつうです。いや，ときには全く構想もたてずに，口から出まかせにしゃべることもあります。第3話の評価論はその例です。そういう話の内容は全体的にまとまりがつかないのではずかしいのですが，それだけにかえって，ふだん考えていることが気ままにしゃべれることになります。話を書きおこしたものとはじめから文章として書かれたものとでは，一長一短があると思うのです。「まとまりがよくなくて何をいおうとしているのかよくわからない」という方は，はじめから文章として書き下された私の論文集や著書を読んでくださるようおねがいします。

　自分の講演記録を読みなおすのは，気はずかしくてとてもいやなものです。そこで私は，他の人たちが私の講演テープを書きおこしてくださっても，それを読みなおしたりしないのですが，この本をまとめるためには，かなり文章に手を入れました。それはもっぱら読みやすくするためです。これで少しは読みやすくなったと思うのですが，いかがでしょう。中見出しは，講演テープを書きおこしてくださった方々や仮説社の竹内さんのつけてくださったものを採用させていただきました。これらの講演テープを書きおこすという骨の折れる仕事をしてくださったのは，井上静香さん（第1話），犬塚清和さん（第2話），西村寿雄さん（第3話），の3人の方々です。ここでお礼申し上げます。また，この本をまとめるのに尽力してくださった仮説社の方々にもお礼申し上げます。

板倉聖宣

板倉聖宣（いたくら・きよのぶ）

1930年　東京の下町に生まれる。
1953年，東京大学教養学部を卒業。
1958年，東京大学　大学院数物系研究科を修了。物理学の歴史の研究によって理学博士となる。
1959年　国立教育研究所（現国立教育政策研究所）に勤務。
1963年　教育の内容と方法を革新する「仮説実験授業」を提唱。
1983年　編集代表として月刊誌『たのしい授業』（仮説社）を創刊。
1995年　国立教育研究所を定年退職し，「私立板倉研究室」を設立。
2013年　日本科学史学会会長となる。（2017年まで2期在任）
2018年　2月逝去。

　研究領域は自然科学から社会の科学の歴史とその教育にもおよび，科学読物・迷信・組織・発想法などにわたる著書がある。芸術やスポーツと同じように科学をたのしむ「サイエンス・シアター」を企画・実施，そのシナリオ集は刊行中。
〔主な著書〕『科学と方法』（季節社）『ぼくらはガリレオ』（岩波書店）『日本史再発見』（朝日新聞社）『科学的とはどういうことか』『もしも原子がみえたなら』『増補 日本理科教育史』（2010年度第8回パピルス賞受賞）『歴史の見方考え方』『仮説実験授業』『かわりだねの科学者たち』『模倣の時代（上・下）』『フランクリン』『原子論の歴史（上・下）』『未来の科学教育』『〈板倉聖宣セレクション1〉いま，民主主義とは』（以上，仮説社）その他，専門書も含めて多数。編著・共著書も『長岡半太郎』（朝日新聞社）『理科教育史資料』（全6巻，編集代表，東京法令）『サイエンスシアターシリーズ』（仮説社刊行中）など，多数。

仮説実験授業のABC──楽しい授業への招待（第5版）

第1版発行 1977年10月25日
第5版第1刷発行 2011年11月11日（1500部）
　　　第2刷発行 2014年12月 5日（1000部）
　　　第3刷発行 2018年10月20日（1000部）
　　　第4刷発行 2024年10月 1日（1000部）／合計4万7500部

著者　板倉聖宣　　©Itakura Kiyonobu,1977
発行　株式会社 仮説社
　　　〒164-0003 東京都中野区東中野4丁目10-18
　　　TEL 03-6902-2121　FAX 03-6902-2125
　　　http://www.kasetu.co.jp/　E-mail:mail@kasetu.co.jp
印刷・製本　（株）平河工業社／用紙　（株）鵬紙業

（用紙）カバー；モデラトーンGAナチュラルキクT93.5／表紙；タントN-7 4/6Y／本文；琥珀N AT43／見返；色上質赤AT厚口

定価はカバーに表示してあります。落丁・乱丁はおとりかえします。
ISBN978-4-7735-0229-9 C0037　　Printed in Japan

授業書および実験器具等 価格一覧

ここに掲げる授業書・実験器具類は，市販されていないか，市販されているとしても大変入手しにくいものばかりです。これらについては仮説社で通信販売しますので，ご希望の方は仮説社HPなどでご購入ください。http://www.kasetu.co.jp/ 社会の科学の授業書で書籍になっているものはどこの書店からでも注文できます。（表示価格は2024年9月現在の本体価格です）

● 授業書（税別，送料別）
　主に仮説実験授業研究会の著作・発行による授業用の別刷り（本書の第5話で＊印のついているもの）です。書店ではご注文になれません。

書名	価格	書名	価格
《あかりと文明》	900円	《力と運動》	1300円
《足はなんぼん？》	750円	《地球》	1000円
《イオンとたべもの》	800円	《徴兵制と民主主義》	1100円
《1と0》	1200円	《月と太陽と地球》	1300円
《いろいろな気体》	750円	《程度のもんだい》	750円
《宇宙への道》	1000円	《電気を通すもの通さないもの》	700円
《円と円周率》	500円	《電子レンジと電磁波》	1500円
《円と角度》	1000円	《電卓であそぼう》	1000円
《円の面積》	1300円	《電池と回路》	900円
《重さと力・浮力と密度》	1100円	《電流》	1800円
《おもりのはたらき》	1000円	《電流と磁石》	750円
《温度と沸とう》	750円	《統計と社会》	1300円
《温度と分子運動》	1200円	《トルクと重心》	1100円
《かげとひかり》	1000円	《虹と光》	1500円
《滑車と仕事量》	750円	《にている親子・にてない親子》	750円
《技術入門》	700円	《2倍3倍の世界》	1300円
《空気と気圧》	1100円	《熱はどこにたくわえられるか》	1000円
《空気と水》	600円	《燃焼》	900円
《空気の重さ》	900円	《燃焼 '16》	900円
《結晶》	900円	《爆発の条件》	800円
《原子とその分類》	750円	《花と実》	1300円
《コインと統計》	800円	《ばねと力》	1100円
《勾配と角度》	1000円	《速さと時間と距離》	600円
《固体と結晶》	900円	《光と虫めがね》	1100円
《コマで遊ぼう》	500円	《広さと面積》	1500円
《ゴミと環境》パワーポイント（CD-ROM）	3000円	《ふしぎな石じしゃく》	750円
《30倍の世界》	1100円	《ふしぎな石じしゃく》初版	1000円
《三態変化》	900円	《不思議な石，石灰石》	1300円
《磁石》	900円	《二つの大陸文明の出会い》	1000円
《磁石と力》	600円	《ふりこと振動》	750円
《自由電子が見えたなら》	1300円	《本当の数とウソの数》	1200円
《自由電子が見えたなら》カット入	2000円	《まさつ力と仕事量》	700円
《図形と角度》	1500円	《水分子の冒険》	750円
《図形と証明》	1000円	《もしも原子が見えたなら》	750円
《生物と細胞》	1500円	《もしも原子が見えたなら》絵本版	800円
《生物と種》	1200円	《ものとその重さ》	900円
《ゼネコンであそぼう》	1000円	《溶解》	1100円
《背骨のある動物たち》	900円	《溶解》1967年版	1000円
《ダイズと豆の木》	1500円	《落下運動の世界》	1200円
《食べ物とイオン》	500円	《粒子と結晶》	900円
《食べものとウンコ》	1300円	《割合》	1200円

●実験器具（税別価格）

品名	価格
足算（あしざん）	1300円
〈足は何本？〉教室掲示用写真セット	3000円
アストロブラスター	3000円
アーチ型積み木	3200円
圧電素子	300円
イオン・自由電子テスター	1000円
おりぞめ染料（5色セット）	4000円
折染め用和紙　正方形3500/長方形2700円	
回折格子（分光器用）	740円
基本の原子分・子カルタ	800円
吸盤吹き矢	100円
京都パスカル人体解剖図（10枚組）	700円
霧箱用植毛紙	700円
切れる磁石（ゴム製）	500円
金属棒セット（アルミ・銅・鉄棒）	2000円
原子の立体周期表	450円
元素の実物付き周期表	2000円
鉱物結晶標本6種セット	2700円
国旗シール（2枚組）	220円
コンデンサ1F　4000円/電解	350円
小便小僧	1200円
水銀転倒スイッチ	600円
世界一美しい周期表・したじき	400円
・ラミネートワイド版	800円
太陽系惑星模型	2500円
太陽モデル（30億分の1）	4000円
地球モデル（直径1.3m程度）	6400円
月の満ち欠け模型（プラン付セット）	600円
鉄球セット（2倍3倍用，5〜20mm球）	1650円
手回し発電機AT	2000円
内臓の大きさ説明エプロン	5500円
虹ビーズ	4700円
煮干しの解剖実習セット	600円
ネオジム磁石（円筒形15×3mm）	400円
白金箔	2000円
〈花と実〉掲示用写真集	10000円
〈花と実〉写真集DVD	10000円
ばねセット（太3本）	5000円
火打ち金セット	4000円
フェライト磁石（ドーナツ型）	500円
浮沈子セット（40人分）	900円
分子模型《もし原》セット	2700円
偏光板（10枚セット）	1300円
ボンテン分子模型もし原材料セット	400円
マグデブルグの半球実験セット	3500円
豆電球テスター	2600円
ミラクルミラー（凹・凸面鏡）	8000円
MUSU弁5個セット（石灰）	1200円
シミュレーション版《もしも原子がみえたなら》CD-ROM	2800円
モルカ（分子カルタ）	1800円
モルQ（分子カードゲーム）	1800円
モルックス	2万円
ライトスコープ（簡易顕微鏡・30倍）	4300円
ラブラブメガネ	300円
歴史を見るモノサシ	500円
割れるU字型磁石	200円
割れる棒磁石	100円

●DVD

品名	価格
《自由電子が見えたなら》前・後編	各6000円
《光と虫めがね》前・後編	各5500円
《力と運動》前・後編	各5500円
《世界の国旗》/《ゴミと環境》	各5000円
《電気を通すもの通さないもの》	5000円
《磁石》/《生物と種》	各5000円
メグちゃんの《もしも原子がみえたなら》	6000円
上廻昭の《ふりこと振動》	6000円
災害の科学	12000円
板倉聖宣と仮説実験授業	6000円
教育の未来を展望する	6000円
《水分子の冒険》ができるまで	6000円
岩波科学映画第1集	9万円
岩波科学映画第2集	10万円

ほかにも，分子模型ストラップ，ピコピコカプセル用鉄球（500円），ふくらむスライム（600円），ボンテン不思議な石，石灰石セット（200円），分子模型作製用発泡スチロール球，手品用品，ゲームなどの一般のお店では手に入れにくい教材・おもちゃ・実験器具をたくさん扱っています。下記の仮説社のホームページをごらんください。

●送料

仮説社の本・雑誌は送料無料。授業書，実験器具等の送料は，税込合計9999円までは250〜900円。1万円以上は無料。

仮説社　http://www.kasetu.co.jp/
TEL (03) 6902-2121 FAX (03) 6902-2125